Das Buch

Obwohl noch jung an Jahren, zählt Pascal Voggenhuber zu den herausragenden Medien unserer Zeit, weil die Botschaften, die er aus der Geistigen Welt übermittelt, von verblüffender Präzision sind. Als Mittler zwischen Diesseits und Jenseits hat er sich der Lebensaufgabe verschrieben, den Menschen Trost und Hoffnung zu spenden, indem er beweist, dass der Tod nicht das Ende ist.

In diesem Buch schildert Pascal Voggenhuber seine einzigartigen Erlebnisse und Erfahrungen als medialer Lebensberater: wie er als Kind die Geistige Welt kennenlernte und mit ihr bis heute im ständigen Kontakt ist; wie er mit den Seelen Verstorbener kommuniziert; wie die Botschaften aus dem Jenseits helfen, über den Verlust eines geliebten Menschen hinwegzukommen; wie er der Schweizer Polizei bei der Aufklärung rätselhafter Kriminalfälle helfen kann.

Mit einfachen Übungen ermöglicht er allen Leserinnen und Lesern, die eigenen Hellsinne zu entwickeln und den Kontakt zur Geistigen Welt unmittelbar zu erfahren.

Der Autor

Pascal Voggenhuber wurde 1980 in der Schweiz geboren. Nach mehrjähriger intensiver Ausbildung zum Medium und Aura Reader in England und der Schweiz gehört er zu den beliebtesten Referenten und Seminarleitern im Bereich Medialität im deutschsprachigen Raum. Er lebt in Sissach, wo er sein eigenes Seminar- und Praxiszentrum führt, in dem er Beratungen und Seminare anbietet.

www.pascal-voggenhuber.com

Der Tod bedeutet gar nichts,
ich bin nur in das Zimmer nebenan gegangen.
Ich bin ich, ihr seid ihr.
Das, was ich für euch war, bin ich immer noch.
Gebt mir den Namen, den ihr mir immer gegeben habt.
Sprecht mit mir, wie ihr es immer getan habt.
Gebraucht keine andere Redeweise,
seid nicht feierlich oder traurig.
Lacht weiterhin über das,
worüber wir gemeinsam gelacht haben.
Betet, lacht, denkt an mich,
betet für mich,
damit mein Name ausgesprochen wird,
so wie es immer war,
ohne irgendeine besondere Betonung,
ohne die Spur eines Schattens.
Das Leben bedeutet das, was es immer war.
Der Faden ist nicht durchschnitten.
Weshalb soll ich nicht mehr in euren Gedanken sein,
nur weil ich nicht mehr in eurem Blickfeld bin?
Ich bin nicht weit weg,
nur auf der anderen Seite des Weges.

Henry Scott Holland (1847–1918)

Inhalt

Ein Botschafter der neuen Zeit aus einer neuen Generation

Von Wulfing von Rohr

Wir leben in einer spannenden Zeit, die mechanistische Weltbilder und materialistische Menschenbilder auf den Kopf stellt. In einer Zeit, in der Erfahrungen und Erkenntnisse, die zeigen, dass der Mensch viel mehr als Fleisch und Blut, als Knochen, Gefühle und Gedanken ist, sich weithin verbreiten. Was bisher als mystische Visionen bestenfalls seltenen Heiligen zugestanden worden ist, hat nun den Mainstream der Kultur und Gesellschaft erreicht.

In England arbeiten Heiler mit Geistkräften in Krankenhäusern ganz selbstverständlich mit – parallel zu den üblichen Therapiemethoden und in der Einsicht, dass eine ganzheitliche Heilung vielversprechender ist als jede noch so gute einseitige Behandlung.

In den USA wurde bei einer repräsentativen Gallup-Umfrage schon 1992 festgestellt, dass rund fünf Prozent der Bevölkerung, also dreizehn Millionen (!) Menschen, eine Nahtoderfahrung hatten; in Deutschland geht man von vier Prozent und gut drei Millionen Menschen aus.

An ein Leben nach dem Tod glauben alle großen Religionen dieser Welt, von den östlichen bis zu den westlichen, vom Hinduismus und Teilen des Buddhismus bis zu Judentum, Christentum und Islam. Und von Existenzformen in »Zwischenwelten« und anderen geistigen Bereichen berichten ebenfalls viele Glaubenszeugnisse.

9

Der Spiritismus des 19. Jahrhunderts und die Parapsychologie des 20. Jahrhunderts unternahmen nicht nur zahllose Versuche, Kontakte mit Verstorbenen herzustellen, sondern bemühten sich auch darum, die Existenz von Bewusstsein, Intelligenz und Information von verstorbenen Personen über ihren Tod hinaus zu beweisen. Für unzählige Menschen, die Angehörige oder Freunde durch den Tod verloren hatten und nun durch Medien klare Zeichen und Hinweise von ihnen bekamen, ist die Möglichkeit, Kontakte zum Jenseits herzustellen, damit subjektiv bewiesen.

Der englische Spiritualismus hat sich im Verlaufe des 20. Jahrhunderts zur führenden Bewegung der Erforschung und Ausübung von Jenseitskontakten entwickelt. Er versteht sich als eine Art Glaubensgemeinschaft, die an Gott glaubt (allerdings nicht in Gestalt eines »alten Mannes mit Bart«) und daran, dass der Geist von verstorbenen Menschen über die Vermittlung von Medien Botschaften an Hinterbliebene geben kann.

Pascal Voggenhuber ist ein solches Medium. Er ist Botschafter einer neuen Sicht des Lebens, die Hoffnung auf Sinn gibt, die Angst vor dem Sterben und dem Tod nimmt oder zumindest lindert, die Wunden heilt, welche durch den Tod von lieben Menschen entstanden sind.

Pascal zählt schon jetzt mit seinen dreißig Jahren zu den herausragenden Medien und ist inzwischen das bekannteste deutschsprachige Medium. Zugleich ist er Vertreter einer jungen Generation, die direkt und unverstaubt über spirituelle Themen zu sprechen weiß. Er zelebriert kein esoterisches Brimborium um seine Jenseitskontakte und medialen Botschaften der Hilfe und Heilung. Pascal ist jemand, der geistige

Erfahrungen und Alltagsleben auf eine unverkrampfte Weise miteinander verbindet und auf jedes »Heiliggetue« verzichtet.

Sein neues Buch ist ein wesentlicher Schritt nach vorn – sicher auch für seine eigene Entwicklung, aber noch viel mehr für die Leser und Leserinnen, die hier einen völlig neuen Einblick in eine Welt erhalten, die den meisten von uns bisher doch recht fremd erschienen ist. Mit anschaulichen Beispielen erzählt Pascal von sich und von Klienten, von Höhepunkten und Erfolgen. Er berichtet aber auch über Probleme und Grenzen, er spricht offene Fragen an. Anhand der dokumentierten Zusammenarbeit mit Polizeistellen »beweist« er, welche Hilfe ein gutes Medium auch bei knallharten Alltagsfragen sein kann.

Vor allem geht es ihm in diesem Buch aber darum, die Menschen mit dem natürlichen Vorgang des Todes vertrauter zu machen und aufzuzeigen, dass der Tod kein Ende, sondern einen Neubeginn darstellt. Durch die zahlreichen Beispiele von verblüffenden und äußerst glaubwürdigen Jenseitskontakten macht Pascal Voggenhuber deutlich, dass es personales Bewusstsein und individuelle Intelligenz in der unsichtbaren Welt gibt und dass die sogenannte Geistige Welt regen Anteil am Geschehen auf der Erde nimmt. Schließlich bietet Pascal auch etliche praktische Übungen an, um ein Trauerritual durchzuführen und um selbst erste eigene Kontakte mit der Geistigen Welt aufzunehmen.

Dieses Buch *Botschafter der unsichtbaren Welt* wird vielen trauernden und suchenden Menschen helfen, Herzenstrost und neuen Sinn zu finden. Es wird sich sicher bald zu einem Klassiker der Literatur über Jenseitskontakte entwickeln. Denn es zeigt den Autor als ein führendes Medium auf dem

11

Kontinent, das berühmten englischen Medien mehr als nur das Wasser reichen kann, und als jemanden, der echte Jenseitskontakte mit Humor und Selbstironie zu präsentieren weiß.

Wulfing von Rohr,
Bewusstseinsforscher und Autor *(Kleine Erleuchtungen)*

Vorwort

Hallo, meine liebe Leserin, mein lieber Leser! Ich freue mich sehr, dass du mein Buch liest und wir zusammen auf eine Reise gehen – durch das Leben allgemein und durch mein Leben – und vor allem, dass wir zusammen die Geistige Welt und das Übersinnliche kennenlernen. Ich danke dir sehr für dein Vertrauen.

Mir ist es wichtig, dich mit Du anzusprechen. Das finde ich einfach persönlicher, und schließlich sind wir ja alle eins. Auch werde ich ab jetzt hier nur noch die männliche Form benutzen und dich als Leser ansprechen. Ich tu dies lediglich, weil ich den Lesefluss schöner finde, wenn man nicht immer beide Formen, die männliche und die weibliche, benutzt. Doch möchte ich Frauen auf keinen Fall damit diskriminieren.

Über dieses Buch freue ich mich ganz besonders, obschon es nicht mein erstes ist, sondern mein fünftes, und ich mit meinen früheren Büchern große Erfolge feiern durfte. Doch ist dieses Buch für mich ganz speziell. Denn sein Thema liegt mir ganz besonders am Herzen: Botschafter der unsichtbaren Welt.

Ich werde hier von mir als Mensch erzählen, von meiner Arbeit als Medium. Und ich werde dir auch einige Übungen an die Hand geben, damit auch du die Geistige Welt besser spüren kannst. Ich hoffe, dass ich dir dadurch die Angst vor dem Tod und der Geistigen Welt nehmen kann. Auch wenn du meine letzten Bücher vielleicht kennst, werde ich hier Dinge erzählen, die noch nicht zu lesen waren oder nicht auf diese Weise dargestellt wurden. Denn in den letzten drei Jahren habe ich doch unheimlich viel dazulernen dürfen. Ich habe mich selbst und die Geistige Welt nochmals viel intensiver kennengelernt, und dadurch sehe ich heute natürlich einige Dinge ganz anders als früher.

Auch bin ich heute erst bereit, einige Dinge zu erzählen, die ich in meinen letzten Büchern mit Absicht weggelassen oder nicht ausführlich beschrieben habe. Zum Teil, weil sie sehr persönlich sind, und zum Teil auch, weil ich Angst hatte, die Leser könnten mich nicht verstehen oder würden mir nicht glauben. Doch heute mit meinen inzwischen dreißig Jahren bin ich bereit dazu und freue mich, mit dir auf diese Reise zu gehen.

Mir persönlich ist es wichtig, dass du weißt, dass ich keinen Anspruch darauf erhebe, die absolute Wahrheit zu kennen und zu vermitteln. Ich werde dir hier ehrlich erzählen, was ich erlebt habe und weiter erlebe. Ich werde dir meine Ansichten über die Geistige Welt und meine Arbeit als Medium weitergeben. Die Verstorbenen und die Geistige Welt haben mich schon immer begleitet, seit meiner Kindheit, und sie waren für mich immer so natürlich, dass ich erst sehr spät wirklich entdeckt habe oder besser gesagt darauf aufmerksam wurde, dass dies anscheinend doch nicht so normal ist. In diesem Buch möchte ich so einfach wie möglich über die Geistige Welt schreiben. Ich möchte sie dir so natürlich beschreiben, wie sie sich für mich anfühlt. Auf Ausschmückungen, komplizierte Worte und Erklärungen und vor allem esoterisches Tamtam verzichte ich. Denn die Geistige Welt ist für uns zwar sicher nicht einfach zu verstehen und nicht leicht zu begreifen, aber man muss das Ganze mit schwierigen Begriffen nicht noch komplizierter machen.

Ich möchte dir zeigen, dass ein Medium eine wertvolle Arbeit leisten kann, eine Art Heilung für die Hinterbliebenen.

Wenn ich meinen Beruf beschreiben müsste, würde ich sagen, dass ich helfe, Trauer zu verarbeiten. Dies kann natürlich sehr viele verschiedene Facetten beinhalten. Doch ich bin kein Wahrsager, Meister, Erleuchteter, Avatar, Gedankenleser, Prophet, Guru oder Indigo-Kind. Ich komme auch nicht von einem anderen Planeten oder welche anderen Etiketten die Esoterikszene mir sonst noch aufdrücken möchte. Ich bin einfach Pascal Voggenhuber.

Gerade heute ist mir wieder einmal bewusst geworden, was die wirkliche Aufgabe eines Mediums ist und dass vielen Menschen eigentlich gar nicht klar ist, was ein Medium tut. Es gibt immer noch Menschen, die glauben, dass ein Medium Zukunftsprognosen stellt oder sich auf die Jagd nach unheimlichen Phänomenen wie Geistern oder Spukwesen macht. Doch ist das nicht die Aufgabe eines »Spiritualistischen Mediums«, oder – wie das in England, wo ich auch weiter ausgebildet worden bin, heißt – eines »Spiritualistic Psychic Medium«. Mir ist jedoch bewusst, dass es viele Menschen gibt, die sich Medium nennen und genau so etwas wie »Geister sehen«, Zukunftsprognosen durch Kartenlegen oder ähnliche Dinge anbieten. Doch das hat zumindest nichts mit einem Spiritualistischen Medium zu tun. Dessen und damit meine Aufgabe ist es, Kanal beziehungsweise Botschafter für die Verstorbenen zu sein, damit Heilung bei den Hinterbliebenen stattfinden kann. Ich sehe meine Aufgabe aber auch darin, den Menschen zu zeigen, dass es ein Leben nach dem Tod gibt und dass wir alle an einen guten Ort kommen. So verlieren viele Menschen die Angst vor dem Tod.

Gerade als ich überlegte, ob ich diese Sätze wirklich ins Vorwort nehmen soll, erhielt ich eine E-Mail: Eine Schülerin von unserem Center ist gestorben, und ich wurde gebeten, bei der Trauerfeier eine Ansprache zu halten. Denn der Wunsch unserer Schülerin war es, dass die Menschen erkennen und wissen, dass der Tod nur eine Geburt an einen anderen Ort ist. Das war für mich ein Zeichen, die wahre Arbeit eines Mediums schon im Vorwort zu beschreiben.

Die Aufgabe eines Spiritualistischen Mediums beinhaltet mehr, als nur Kontakt zu Verstorbenen herzustellen. Zu seinen Funktionen gehören Lebensberatung, Seelsorge, Taufen, Hochzeiten, Krankenhausbesuche, Gefängnisbesuche, ja und auch Beerdigungen. Es sind ähnliche Aufgaben, wie sie ein Priester hat. Ein Medium bietet den Menschen in verschiedenen Bereichen Heilung an. Die meisten Medien sind zwar Spezialisten im Bereich Kommunikation mit Verstorbenen, doch arbeiten wir zum Beispiel auch mit geistigem Heilen oder eben der Lebensberatung. Mir ist es wichtig, dies schon hier am Anfang zu schreiben, damit jeder weiß, dass ich kein Wahrsager bin. Ein Medium kann aufgrund seiner Hellsinne zwar vielleicht Ereignisse vorausahnen oder Situationen in ihrer Tiefe klar einschätzen, doch ein seriöses Spiritualistisches Medium macht keine Wahrsagerei.

Ich wäre froh, wenn du mich einfach als jungen Mann ansehen könntest, der mit Verstorbenen in Kontakt treten und ein Kanal für die Geistige Welt sein kann. Nicht mehr und nicht weniger bin ich. Ich erlebe vielleicht Dinge, die für die meisten nicht normal sind, doch für mich sind sie vollkommen natürlich.

Du wirst hier vielleicht Aussagen finden, die in anderen Büchern anders stehen oder zu denen andere Medien andere Ansichten vertreten. Ich mache keinen Anspruch geltend, hier die alleinige Wahrheit zu verkünden. Das Einzige, was ich mache, ist, meine Wahrnehmung und mein Wissen weiterzugeben. Und dieses Wissen ist bestimmt nicht fehlerfrei und garantiert nicht perfekt. Auch ich lerne täglich weiter. Obschon ich hellsichtig bin, heißt das nicht, dass ich alles sehe oder alles weiß.

Also, mein lieber Leser, nimm aus diesem Buch das heraus, was sich für dich gut anfühlt, was sich für dich richtig anfühlt, und halte dich nicht an dem auf, was für dich nicht stimmig zu sein scheint. Reg dich vor allem nicht darüber auf, wenn du etwas anders siehst – das ist doch nur gut so. Jeder lebt seine Wahrheit, und das ist das Wichtigste. Ich möchte dir nur zeigen, wie ich es sehe und wie ich über gewisse Dinge denke. Mein Ziel ist es, dir die Angst vor dem Tod zu nehmen und dir Heilung zu vermitteln, falls du einen lieben Menschen verloren hast. Wenn ich das kann und darf, bin ich glücklich! Und ich würde mich sehr freuen, wenn es mir gelänge, dir einen Zugang zu einer für dich vielleicht noch völlig unbekannten Welt zu eröffnen.

Wichtig zu bemerken bleibt: Bei allen Beispielen erwähne ich nur die Vornamen, sowohl von Klienten als auch von Freunden und Bekannten, um ihre Privatsphäre zu schützen. Alle Erlebnisse, die ich in diesem Buch beschreibe, sind wirklich so passiert. Ich versuche, sie möglichst authentisch weiterzugeben. Einiges beschreibe ich so, wie ich es in Erinnerung habe, von anderem gibt es Ton- oder sogar Video-Aufzeichnungen.

Danke, dass du mit mir auf diese Reise gehst. Lass uns nun beginnen.

Als ich das erste Mal ein Geistwesen sah

Praktisch bei jedem Interview oder wenn die Leute erfahren, was mein Beruf ist, fragen alle meist als Erstes dasselbe: »Wann hast du das erste Mal bemerkt, dass du Verstorbene siehst oder dass du außergewöhnliche Fähigkeiten hast?« Diese Frage kommt früher oder später immer. Ich kann mich schon an sehr frühe erste Kontakte mit der Geistigen Welt erinnern. Damals war mir aber noch nicht bewusst, dass diese Wesen, die ich sah, Verstorbene oder Geistführer sind.

Meine erste Begegnung mit einem Verstorbenen, an die ich mich erinnern kann, hatte ich, als ich drei oder vier Jahre alt war. Ich kann mich heute noch sehr genau entsinnen, weil mir dieser Mann Angst gemacht hat. Für mich war er so real wie all die anderen Menschen, die ich tagtäglich auf der Straße sah. Ich wäre nie auf die Idee gekommen, dass er schon längst gestorben ist. Ich habe erst sehr spät begriffen, dass ich Dinge sah, die scheinbar nicht normal sind, doch dies werde ich später erzählen. Ich wachte damals mitten in der Nacht auf und fühlte mich nicht gut, deswegen wollte ich zu meiner Mama gehen. Ich stand also auf und machte mich auf den Weg. Auf der Treppe hinunter zum Zimmer meiner Mutter stand aber ein Mann. Ich sah ihn ganz genau, und obwohl ich erst drei oder vier Jahre alt war, wusste ich, dass dieser Mann mitten in der Nacht nichts bei uns zu suchen hatte. Ich hatte Angst, an ihm vorbeizugehen, doch er schaute mich nur an, und obwohl er mir Angst machte, fühlte ich, dass er mir nichts tun würde.

Ich weiß bis heute nicht, wer der Mann war und was er an diesem Abend bei uns wollte. Ich ging zu meiner Mama und rief: »Da ist ein Mann auf der Treppe!« Meine Mutter schreckte vom Bett auf und kam sofort hinaus, um zu schauen. Ich zeigte auf den Mann, aber sie sagte nur: »Da ist nichts! Du hast wohl schlecht geträumt!« Ich verstand die Welt nicht mehr! Er stand doch immer noch dort, warum sah meine Mutter ihn nicht? Daran habe ich mich inzwischen zwar gewöhnen müssen, aber als Kind war mir nicht klar, warum niemand das sieht, was ich sehe.

Ich muss ehrlich zugeben, dass es für mich als Kind zwar manchmal befremdlich war, wenn ich von Wesen erzählte, die sonst niemand sah, doch habe ich das nicht als wirklich negativ in Erinnerung. Denn meine Mutter hat nie eine große Sache daraus gemacht, wenn ich von Menschen erzählte, die sie nicht sah. Ich denke, dies ist auch einer der Gründe, warum ich meine Hellsichtigkeit und meine außersinnliche Wahrnehmung erst sehr spät als solche erkannt habe. Als Kind war das für mich so natürlich, dass ich mir nie darüber Gedanken machte, ob das, was ich sah, real war oder nicht.

Auch kannte meine Mutter schon von ihrer eigenen Mutter her Geschichten von »übernatürlichen Erlebnissen«. Schon meine Großmutter hatte im Traum den Tod ihrer Mutter gesehen: Sie wachte mit Tränen in den Augen auf und sagte, dass ihre Mutter gestorben war. Niemand glaubte ihr, bis zehn Minuten später der Anruf kam und den Tod ihrer Mutter bestätigte. Meine Mutter wiederum träumte und sah dabei den Tod von ihrer Mutter; auch ihr wollte man nicht glauben, und auch hier erfolgte kurze Zeit später das Telefonat mit der traurigen Nachricht.

Die Ankündigung des Todes war schon immer ein Teil unserer Familiengeschichte; auch Cousins und Tanten haben ihren Tod angekündigt. Als mein Vater starb, wusste ich, als das Telefon klingelte, dass es passiert war, obwohl ich kaum Kontakt zu ihm hatte. Vielleicht nur alle drei Jahre erhielt ich mal einen Anruf von ihm oder über ihn. Dennoch wusste ich, als ich nur das Telefon hörte, dass mein Vater gestorben war. Auf seinen Tod werde ich später noch speziell eingehen.

Für mich waren schon immer manche Dinge realer als für andere Menschen. Seit ich ungefähr sieben Jahre alt war, hatte ich Kontakt zu einem meiner Geistführer. Für mich war das damals ein Freund, der sich bei mir als Hanspi vorgestellt hat. Ich hatte zu der Zeit ziemliche Probleme in der Schule. Meine Leistungen waren durchaus okay, doch mit einigen Mitschülern habe ich mich einfach nicht vertragen. So gab es fast jeden Tag Auseinandersetzungen und Prügeleien. Für mich war es eine Zeit lang sehr schlimm, in die Schule zu gehen. Ich hatte mir immer einen starken Vater gewünscht, der da ist und mir hilft, wenn die anderen Kinder mich verprügelten. Ich hatte zwar eine starke alleinerziehende Mutter, doch es gab in der Zeit immer wieder Tage, an denen mir ein Vater sehr gefehlt hat, obwohl sich meine Eltern sehr früh getrennt hatten. Ich muss und möchte jedoch sagen, dass meine Mutter immer dafür gesorgt hat, dass es uns an nichts fehlt.

Aber gerade in der Schule fühlte ich mich manchmal einsam ohne Vater. Wenn die Klassenkameraden nach einer Schlägerei mit den Vätern drohen konnten, konnte ich nie zurückdrohen. Natürlich kann ich heute über so etwas lächeln, doch als Kind war es schon beeindruckend, wenn ein anderer zu mir sagte: »Mein Vater ist so stark, der kann einen Lastwagen heben.« Ich wusste damals nicht, ob mein Vater das auch könnte. Heute weiß ich natürlich, dass dies alles nur Unsinn war, doch in solchen Momenten fehlte mir eine starke Hand. Vielleicht habe ich deswegen dann einen solch leichten bewussten Zugang zur Geistigen Welt und zu einem meiner Geistführer, eben zu Hanspi, bekommen.

Hanspi versorgte mich mit vielen Tipps, wie ich mit meinen Mitschülern umgehen und wie ich mich verhalten sollte. Ich habe die anderen Kinder und auch meine Mutter und Schwester ziemlich genervt mit Hanspi, doch für mich war er mein Freund aus der Geistigen Welt. Das Spannendste ist aber für mich, dass er nicht zuließ, dass ich in eine eigene Welt versank, sondern dass er mir half, Freunde und Anschluss zu finden.

Anfangs habe ich Hanspi noch lautstark und manchmal auch mit meinen Fäusten verteidigt, wenn ein Mitschüler oder ein Erwachsener im Zug auf dem Platz von Hanspi sitzen wollte. Meine Mutter und meine Schwester haben sich oft geschämt, mit mir Zug zu fahren, weil ich immer einen Platz für Hanspi freihalten wollte und niemand sich neben mich setzen durfte, weil ja Hanspi dort war. Später lernte ich, dass er für die anderen nicht sichtbar ist. Das war dann unser Geheimnis, und ich durfte es niemandem erzählen. Somit konnte ich mit meinem Freund zusammen sein, und niemand kam auf die Idee, dass etwas mit mir nicht stimmte.

Meine Flausen am Anfang haben meine Mitmenschen meiner übergroßen Fantasie zugeschrieben. Doch ich und Hanspi blieben ein paar Jahre beste Freunde. Seit meinem neunten Lebensjahr etwa habe ich Hanspi allerdings nie wieder gesehen. Doch ich fühlte mich dadurch nicht allein gelassen. Denn inzwischen war ich in der Schule integriert und trainierte dreibis fünfmal die Woche Kampfsport. Somit hatte Hanspi seine Aufgabe erfüllt, und von dieser Zeit an brauchte ich auch keinen starken Vater mehr. Ich konnte mich selbst wehren, wurde nie mehr verprügelt und fühlte mich nie mehr allein. Der Kampfsport gab mir Mut, Selbstvertrauen und Freunde.

Obschon ich noch sehr jung war, interessierte ich mich beim Kampfsport vor allem immer sehr stark dafür, das Chi zu entwickeln. Chi kann man als Lebensenergie oder Lebensfluss erklären. Und wer sein Chi unter Kontrolle hat, kann auch Dinge damit erreichen, die für Außenstehende wie Wunder wirken. Wir kennen dies am ehesten von den Shaolin-Mönchen, die sich auf Speerspitzen legen, meterhoch springen können, Schläge in die Hoden ohne Probleme aushalten, Stahlplatten auf dem Kopf zertrümmern und ähnliche Dinge – alles nur, weil sie gelernt haben, ihr Chi oder ihre Lebensenergie richtig zu lenken und einzusetzen.

Diese Kräfte und das Geheimwissen der Kampfkunst haben mich schon immer fasziniert, und ich verschlang mit neun Jahren viele Bücher zu diesem Thema. Das Außergewöhnliche und Übersinnliche hat mich immer angezogen; auch viele Heilkünste haben ihre Grundlage in der Kampfkunst. Ich lernte mit neun Jahren durch mein Training Meditation kennen, und auch Disziplin und Durchhaltevermögen wurden ab dieser Zeit meine ständigen Begleiter. Ich lernte von meinem Trainer, dass man hundertmal umfallen kann, dass man hundertmal verlieren kann, hundertmal Schläge einstecken muss, aber wenn man nicht aufgibt, wird man beim hundertundersten Mal der Gewinner sein. Das ist heute noch meine Einstellung. Wenn mir etwas misslingt, schaue ich das nicht mehr als Versagen an, sondern weiß: Ich habe einen Weg kennengelernt, wie ich eben nicht zum Erfolg komme. Jetzt muss ich daher nur den Weg wechseln, und dann komme ich zum Erfolg.

Vielleicht muss ich Hunderte von Malen den Weg wechseln, doch wenn ich immer weitergehe, dann werde ich mein Ziel erreichen. Nicht aufzugeben und an mich zu glauben, wurde später noch sehr wichtig für mein Leben. In der Kindheit jedenfalls war für mich die Kampfkunst enorm bedeutsam geworden: Wenn ich nicht im Training war, übte ich für mich selbst. Das tägliche Körpertraining war für mich entscheidend, ich wurde dadurch ruhiger und ausgeglichener und fand den Weg zu mir selbst.

Der Tag, an dem ich starb

Ich hatte für ungefähr zwölf Monate eine ruhige Zeit, doch am 23. Juli 1990 – ich war zehn – gab es für mich einen Schlüsselmoment. Ich bin heute überzeugt, dass das damals der Auslöser dafür war, dass ich meine Hellsinne wiederentdeckte, obschon danach noch fast weitere zehn Jahre vergingen, bis ich meine übersinnlichen Fähigkeiten bewusst wahrnahm. An diesem Tag 1990 hatte meine Mutter Geburtstag, es war ein schöner Sommertag. Ich hatte ein wunderbares Geschenk für sie gekauft, nämlich eine Pommes-frites-Maschine: Damit konnte man aus Kartoffeln ganz schnell Pommes frites schneiden. Meine Mutter musste an dem Tag noch arbeiten – sie half immer wieder auf einem Bauernhof bei der Ernte aus, wenn Not an der Frau war, so auch an ihrem Geburtstag. Ich liebte es, auf dem Bauernhof zu spielen, und so ging ich mit. Ich übergab aber mein Geschenk schon gleich am Morgen.

Das Geschenk war natürlich eigentlich eher eines für mich als für meine Mam, denn ich liebe Pommes. Sie versprach mir, dass wir gleich am Abend, sobald sie mit der Arbeit fertig wäre, mit der neuen Maschine Pommes machen würde. Ich war voller Vorfreude, denn Pommes haben wir Kinder nur sehr selten bekommen. Somit ging also meine Berechnung mit dem Geschenk auf. Meine Mama musste an dem Tag Kirschen pflücken, ich spielte ein bisschen mit dem jungen Hund auf dem Bauernhof. Doch nach einer Zeit wurde mir langweilig, und ich wollte meiner Mutter helfen gehen, damit sie schneller fertig würde und ich eher zu meinen Pommes kam.

Der Bauer kam gerade herbei, um den voll beladenen Anhänger zu entleeren. Dieser Hänger war ein etwa fünfhundert Kilogramm schwerer Wagen, der an einem Traktor befestigt wird. Als der Bauer mit dem Abladen fertig war, fragte ich, ob ich mitkommen könnte, um zu helfen. Er hatte nichts dagegen und wollte losfahren, aber die Handbremse des Wagens war noch angezogen. Ich sprang wieder herunter und wollte die Bremse lösen. Dazu musste man mit der Hand zwei Griffe fest aufeinanderdrücken und dann die Position der Handbremse verschieben. Der Bauer schrie: »Junge, komm hoch, das kannst du doch nicht. Dafür bist du viel zu schwach. Dafür braucht man kräftige Hände! Wenn du mal groß bist, kannst du das machen.« Schwach! Ich! Das darf man einem Jungen nie sagen. Enttäuscht stieg ich wieder auf den Traktor. Ich hätte ihm doch so gern gezeigt, dass ich schon kräftig genug war, um die Handbremse zu lösen. Schließlich trainierte ich jeden Tag, und hauptsächlich machte ich zu dieser Zeit Judo, wobei man ständig an den Kampfanzügen reißen muss. Davon bekommt man extrem starke Hände – und genau diese Kraft in den Händen sollte mir später zum Verhängnis werden.

Wir fuhren mit dem Traktor zum Obstfeld, wo meine Mama Kirschen pflückte. Der Wagen wurde abgestellt und vom Traktor gelöst. So stand er allein nur mit angezogener Handbremse am Hang. In einem unbeobachteten Moment näherte ich mich dem Wagen. »Ich und zu schwach! Das schaue ich mir mal an«, dachte ich bei mir. Ich griff an die Handbremse und konnte sie ohne Probleme lösen und den Hebel verschieben.

So kam der rund eine halbe Tonne schwere Anhänger sofort ins Rollen. Anstatt dass ich den Wagen nun an mir vorbeirollen und seinem Schicksal überließ, unternahm ich den Versuch, ihn zu stoppen, doch dafür reichte meine Kraft bei Weitem nicht aus. Ich wurde gnadenlos überrollt, blieb unter dem Wagen hängen und wurde über Stock und Stein mehrere Hunderte Meter mitgerissen.

Ich kann mich heute noch ganz genau daran erinnern. Ich sah, wie alles dunkel um mich herum wurde. Nur die Sonne oder ein Licht wie die Sonne schien extrem hell, ich wurde davon geblendet … Zum Glück kam irgendwann eine leichte Mulde an einem Straßenrand. Dort blieb ich liegen, während der Wagen über mich hinwegrollte und erst später zum Stehen kam.

Ich war bei vollem Bewusstsein. Alle Anwesenden waren total geschockt und hatten noch gar nicht so richtig kapiert, was geschehen war. Der Bauer, meine Mutter und die anderen, die beim Ernten geholfen hatten, liefen herbei. Ich fühlte, dass ich mehrere Knochen gebrochen hatte, und sagte das auch gleich. Durch Zufall kam gerade die Polizei um die Ecke und half sofort. Ich denke, ohne die Polizisten hätte ich nicht überlebt, denn durch meinen Schock wirkte ich total gefasst auf die Menschen um mich herum, und niemandem war überhaupt bewusst, wie stark verletzt ich war.

Doch die Polizisten überlegten nicht lange und riefen sofort den Krankenwagen. Ich kam ins Krankenhaus. Dort musste ich sofort operiert werden. Der Arzt meinte später: »Wäre er eine Viertelstunde später gekommen, hätte er den Unfall nicht überlebt.« Als ich nach der Operation aufwachte, war meine Mutter an meinem Bett. Ich sagte ihr: »Mama, Gott hat mir einen richtig großen Engel geschickt, der mich gerettet hat.« Meine Mutter war sehr überrascht über die Aussage, weil bei uns zu Hause nie über Engel gesprochen wurde, und ich weiß bis heute noch nicht, wie ich daraufkam.

Doch das Bild, das mir geblieben ist, ist dieses helle Licht, das wie die Sonne war. Ich kann nicht ausschließen, dass ich sogar die Sonne sah, keine Ahnung. Doch was für mich außer Frage steht, ist, dass ich wirklich beschützt wurde. Die Chance, dass man einen solchen Unfall überlebt, ist relativ gering, und wenn nicht auch noch die Polizei im richtigen Augenblick gekommen wäre, wäre ich an meinen inneren Verletzungen verblutet. Ich hatte beide Beine sowie das Becken gebrochen und dazu viele innere und äußere Fleischwunden.

Ich wurde mehrmals operiert und beim letzten Mal lief etwas schief. Während der OP kam es zu Komplikationen. Was genau passierte, wurde weder mir noch meiner Mutter jemals gesagt, darüber schweigt das Krankenhaus. Doch für mich ist wichtig, dass ich es überlebt habe. Ich kann mich noch gut erinnern, wie ich plötzlich während der Operation meinen Körper sah und dabei fühlte, wie er zitterte. Dieses Zittern fühle ich heute noch, wenn ich daran denke. Es hat sich tief in mein Gedächtnis eingebrannt. Ich war umgeben von hellem Licht, ich fühlte dabei eine Panik und meinte, dass ich die ganze Szene von oben beobachtete. Ich hörte, was die Ärzte sagten, und dann fühlte ich mich auf einmal leicht und schwerelos. Die Panik wich und es wurde angenehm. Ich nahm die ganze Szene sehr bewusst wahr, und die Bilder und Gefühle haben sich tief in mir eingeprägt. Angst war nur ganz kurz vorhanden, und sobald ich leicht wurde, waren alle Sorgen weg.

Doch auf einmal war alles wieder schwarz und schwer, und ich war mit einem Ruck zurück in meinem Körper. Als ich

Nahtod,

28

wach wurde und mit meiner Mutter reden konnte, war das Erste, was ich sagte: »Mama, ich bin gestorben!« Sie verstand das nicht, doch ich erklärte es ihr. Das, was ich erlebt hatte, kennt man heute unter dem Begriff Nahtoderlebnis. Für mich war danach klar, dass es ein Leben nach dem Tod geben muss. Ich war damals wie gesagt zehn und wusste nichts von Nahtoderlebnissen oder so, und doch sagte ich immer wieder zu meiner Mutter, dass ich gestorben war und dennoch weitergelebt hatte. Ich war auch lange noch davon überzeugt, dass ich eigentlich tot wäre, da ich ja mitbekommen hatte, wie ich starb.

Dieses Erlebnis hat tiefe Spuren in mir hinterlassen. Das merke ich gerade jetzt wieder, wenn ich an diesem Buch schreibe und alles nochmals genau in meiner Vorstellung rekapituliere. Diese Bilder und Gefühle sind so tief verankert, und es fällt mir dabei unheimlich schwer zu beschreiben, was ich damals erlebt habe, denn dafür gibt es eigentlich keine Worte. Es war auf eine Weise unglaublich schön, und anderseits spürte ich teilweise große Panik und Angst. Dennoch war ich aber nicht allein und fühlte mich beschützt, während ich im Sterben lag.

Warum ich das hier beschreibe, hat mehrere Gründe. Ich bin mir sicher, dass der eine oder andere Leser auch schon ein Nahtoderlebnis gehabt hat und deswegen genau so wie ich davon überzeugt ist, dass es ein Leben nach dem Tod gibt. Viele fragen mich immer mal wieder, ob ich deswegen, weil ich Verstorbene sehen kann, zu hundert Prozent sicher bin, dass es ein Leben nach dem Tod gibt. Ich sage dann immer: »Ja, ich bin davon überzeugt. Doch nicht nur, weil ich die Verstorbenen sehen kann, sondern auch weil ich selbst erlebt habe, dass es nach dem Tod weitergeht.« Auch wenn ich damals die

Schwelle nicht ganz überschritten hatte, weiß ich dennoch hundertprozentig, dass es »drüben« weitergeht – einfach weil ich es erfahren habe.

Alle Erlebnisse, die ich vorher mit der Geistigen Welt hatte, waren schön und haben mir geholfen. Doch dieses Ereignis hat mein Leben verändert. Denn ich wusste jetzt einfach, dass es mehr gibt zwischen Himmel und Erde. Dieses Wissen gab und gibt mir bis heute eine innere Ruhe. Es nahm mir die Angst vor dem Tod und vor dem, was auf uns zukommt.

Heute bin ich davon überzeugt, dass der ganze Unfall und all seine Folgen mir geholfen haben, meinen Weg zu finden. Lange litt ich an unheimlichen Schmerzen im Rücken. Ich musste fast täglich extrem starke Schmerzmittel nehmen und ab und an war es so schlimm, dass ich über eine halbe Stunde brauchte, um mich überhaupt ins Bett zu legen. An meinen Kampfsport war nicht mehr zu denken. Es gab Tage, an denen wäre ich am liebsten wieder gestorben. Denn »nach dem Tod« war es ja so schön gewesen, ich hatte keinen Körper mehr gehabt, der schmerzte.

Ich musste nach dem Unfall wieder neu lernen zu laufen. Das klappte schon, doch die Schmerzen blieben. Es gab Tage, da waren sie nicht so schlimm, doch es gab auch welche, an denen mir sogar Morphium gespritzt wurde, weil nichts anderes mehr half. Trotz vieler Untersuchungen und unzähliger Therapien wurde es nicht besser. Nichts half, und ich dachte mit meinen inzwischen fast zwölf Jahren, dass ich wohl immer mit diesen Schmerzen leben müsste.

Doch eines Tages kam meine Mutter von der Arbeit nach Hause, sie arbeitete für die katholische Kirche, und meinte: »Du, die Haushälterin vom Pfarrer hat uns zu einem Theaterstück eingeladen. Willst du mit uns und dem Pfarrer ins Theater gehen?« Ich liebte Theater, und für mich war es keine Frage, ich musste da einfach mit. Auch hatte ich das Glück, dass ich an jenem Tag relativ wenig Schmerzen hatte, und so würde auch das lange Sitzen kein großes Problem werden. Wir fuhren also zu viert zum Theater, waren aber viel zu früh und gingen deshalb noch in ein Café. Die Haushälterin schaute mich dort plötzlich an und meinte: »Du hast Rückenprobleme, oder?« Ich sagte ihr, dass das stimmte. Sie meinte dann, dass sie nebenher als Heilerin arbeitete, und fragte, ob ich mal zu ihr in eine Behandlung kommen wollte. Ich schaute meine Mutter an, und die meinte: »Wenn du das möchtest, dann kannst du ruhig gehen!« Ich hatte nichts dagegen, weil ich ja nicht mal genau wusste, was eine Heilerin ist. Außerdem dachte ich mir, dass meine Mam ihr von den Rückenproblemen erzählt hätte. Doch meine Mutter offenbarte mir später, dass sie meine Schmerzen nie erwähnt hatte und selbst auch nicht gewusst hat, dass diese Frau als Heilerin arbeitete.

Zwei Tage nach dem Theaterbesuch hatte ich den Termin bei der Haushälterin des Pfarrers. Ich musste mich auf einen Massagetisch legen, und sie platzierte ihre Hände auf meinen Körper. Sofort spürte ich eine angenehme Wärme und fühlte, wie diese Wärme durch meinen ganzen Körper floss. Später musste ich mich aufsetzen, und die Frau zündete ein Räucherstäbchen an. Sie hielt es mir an irgendwelche Punkte an meiner Hand. Hitze schoss sofort in meinen ganzen Körper, und es fühlte sich an, als ob man einen elektrischen Zaun anfasst. Ich weiß noch, dass ich das als ziemlich eigenartig empfand, was die Frau da mit mir machte – doch das »Wunder« kam sofort: Ich fühlte nach der Behandlung keine Schmerzen in meinem Rücken mehr, und sie sind bis zum heutigen Tag nie mehr zurückgekehrt. Allein das ist für mich ein absolutes Wunder. Von diesem Tag an hatte ich nie mehr Rückenschmerzen, bis heute, und ich hoffe sehr, dass es immer so bleibt.

Durch diese Erfahrung wurde meine Neugier für das Außersinnliche bewusst geweckt. Die Frau zeigte mir, wie man mit dem Pendel umgeht und Handauflegen praktiziert. Ich lernte mit etwa zwölf Jahren, heilende Energie durch meinen Körper fließen zu lassen, und ich verschlang tonnenweise Esoterikbücher. Dank dieser Heilerin hatte ich zurück ins Leben gefunden, und ich konnte meinen geliebten Kampfsport wieder ausüben. Damals war mir noch nicht bewusst, dass ich später einmal als Medium arbeiten und Heilung durch Jenseitskontakte oder Handauflegen weitergeben würde. Doch jene Zeit war und ist für mich der ausschlaggebende Punkt. Nach meiner Nahtoderfahrung war für mich klar: Es gibt ein Leben nach dem Tod. Alle anderen Erlebnisse in meiner Kindheit könnte man der Fantasie zuordnen, auch wenn ich heute genau weiß, dass das keine Fantasien waren. Aber die Erfahrung zu sterben und wieder ins Leben zurückzukommen, die kann man nicht einfach so unter den Tisch kehren. Auch die Tatsache, dass Schmerzen, die kaum auszuhalten sind, geheilt werden, war für mich eine absolute Bestätigung dafür, dass es Menschen gibt, die als Kanal für heilende Energie dienen können. Seit dieser Zeit habe ich mich immer wieder einmal mit dem Pendel beschäftigt und ab und an Freunden und der Familie die Hände aufgelegt. Ich habe einfach das gemacht, was mir die Frau damals gezeigt hat, und oft hatte ich großen Erfolg damit.

Abgesehen von diesen Dingen verbrachte ich eine ziemlich »normale« Kindheit. Ich konzentrierte mich sehr auf meinen Kampfsport, da ich Profi werden wollte, und begann mit sechzehn Jahren, als Fernsehmoderator in der Schweiz eine Jugendsendung zu moderieren. Mein Traum war damals, Profisportler und Schauspieler zugleich zu werden. Ich hatte immer mal wieder Visionen und Kontakte zur Geistigen Welt. Das war für mich etwas sehr Natürliches, und mir war immer noch nicht bewusst, dass das für die Mehrzahl der Menschen nicht »normal« ist. Ich machte mir keine weiteren Gedanken darüber. Das Übersinnliche faszinierte mich, es war ein Teil von mir, aber ich schenkte ihm keine allzu große Beachtung.

Mein Talent wird mir bewusst

Als ich so etwa neunzehn Jahre alt war, meldete sich meine außersinnliche Wahrnehmung immer intensiver. Vor allem meine Hellsichtigkeit wurde stärker, immer deutlicher konnte ich Auras erkennen und begann in dieser Zeit, das auch zu trainieren. Ich besuchte zusammen mit meiner Mutter meine ersten Kurse, vor allem im Bereich des Geistigen Heilens. Ich hatte allerdings doch ziemlich große Berührungsängste mit esoterischen oder spirituellen Seminaren, denn die meisten Kursleiter sahen für meine Verhältnisse recht kurios aus. Meistens trugen sie lange weiße Gewänder oder kleideten sich wie Indianer oder Zigeuner, oder sie hatten Alufolie auf dem Kopf, um besser Kontakt zu Außerirdischen herstellen zu können. Dies alles schreckte mich ziemlich ab, und ich wollte eigentlich nichts damit zu tun haben.

Einmal wollte meine Mutter zu einem Seminar von Pamela Sommer-Dickson gehen, einer in der Schweiz sehr bekannten Heilerin. Ich begleitete sie nach langem Hin und Her. Als ich am Seminarort ankam, waren dort etwa achtzig Damen im reiferen Alter. Ich war weitaus der Jüngste, doch fühlte ich mich sehr wohl. Ich war und bin fasziniert von Pamela. Sie ist ganz natürlich und bescheiden. Sie machte keine Pseudoshow, wie andere Lehrer in diesem Bereich es oft tun. Das musste und muss sie auch nicht, denn ihre Ausstrahlung war und ist einfach überwältigend.

Ich weiß noch, wie ich um ein Zeichen gebeten habe. Ich wollte wissen, ob ich wirklich Talent hatte oder mir alles

nur einbilde. Mir fehlte allerdings der Mut, zu Pamela hinzugehen und direkt zu fragen. So bat ich meinen Geistführer um
ein Zeichen. Der erste Tag war vorbei – und nichts geschah.
Pamela hatte mit den Teilnehmern kaum persönlich gesprochen; das wäre auch schlecht möglich gewesen, weil es zu
viele waren. Auch der zweite Tag ging dahin – und ich hatte
immer noch kein Zeichen. Ich bat meinen Geistführer nochmals. Doch nichts geschah. Ich weiß noch, wie ich traurig
und enttäuscht war. Wir saßen am Schluss alle im Kreis, und
Pamela erzählte noch irgendetwas über Aura und Talent und
so. Ich versank derweil in meinen Selbstzweifeln und dachte
nur: »Hätte ich wirklich Talent, dann würde sie es mir wohl
sagen und bestätigen! Ich kann nichts. Ich bilde mir alles
nur ein.«

Da schaute mich Pamela auf einmal an und meinte dann
wieder zu allen: »Egal wie jung jemand ist, egal wie groß sein
Talent ist, wichtig ist, dass er selbst an sich glaubt und nicht
auf die Bestätigung von außen wartet. Nur wir selbst können
unser Talent sehen, und nur wir selbst können unser Talent
entwickeln.« Dabei schaute sie mich an, lächelte kurz und
redete weiter über die Aura.

Ich wusste, dass dies ganz klar meine Botschaft war! Ein
Zeichen für mich, denn diese Sätze standen in keinerlei Zusammenhang mit dem Rest ihrer Rede. Ich war überglücklich!

Auf der Heimfahrt meinte meine Mutter: »Ich glaube,
Pamela hat den einen Satz nur für dich gesagt. Jedenfalls
fühlte es sich für mich so an.« Ich weiß nicht, ob Pamela das
damals wirklich nur für mich gesagt hatte, doch für mich war
es so. Ich begann, mir selbst immer mehr und mehr zu vertrauen. Noch heute bin ich dankbar, dass ich damals ein für

mich klares Zeichen bekam und von diesem Zeitpunkt an meinen Weg unbeirrt weiterging. Ab diesem Seminar war mein Weg für mich klar, und ich konnte auch immer deutlicher meine Fähigkeiten erkennen, die ich schon immer hatte, aber zuvor irgendwie nicht so bewusst wahrnehmen konnte.

Von diesem Tag an begann ich täglich zu üben und meine angeborene Aurasichtigkeit zu trainieren. Ich sah schon von Kind auf helle Umrisse um die Menschen, doch klare Farben konnte ich nicht erkennen. Mir wurde jedoch bewusst: Übung macht den Meister. So trainierte ich jeden Tag. Ich las viele Bücher zum Thema, und es drehte sich für mich fast alles nur noch um meine außersinnlichen Wahrnehmungen. Meine damalige Freundin kam definitiv zu kurz. Obschon sie immer sehr viel Verständnis zeigte und mich auch ermutigte, mein Talent weiter zu erforschen, fühlte ich mich dennoch allein. Ich wusste nicht, mit wem ich darüber reden, wer mir helfen konnte oder wer mich auslachen oder gar für verrückt erklären würde. Ich hatte meine Mutter, die mich unterstützte und an mich glaubte, aber mir fehlte eine junge Person oder auch jemand, der mich führte.

Mit einundzwanzig Jahren veränderte sich alles, ich traf Rahel wieder. Rahel war eine alte Schulfreundin, und wir hatten früher schon viel Zeit miteinander verbracht, weil mein bester Freund von damals ihr Freund war. Wir hatten uns fast fünf Jahre nicht mehr gesehen, und als wir uns nun wieder trafen, zog mich etwas magisch an. Doch war das nicht sie als Frau, sondern Rahel als Mensch. Es dauerte nicht lange, und sie erzählte mir, dass sie sich für das Übersinnliche interessiert und dass sie schon so einige Erfahrungen gemacht hatte. Ich war begeistert, meine Seele machte Luftsprünge, endlich jemanden in meinem Alter zu treffen, der sich auch für dieses Thema interessiert. Von diesem Tag an waren Rahel und ich unzertrennlich.

Wir übten fast täglich zusammen und trainierten unsere Fähigkeiten. Am Anfang war es mehr ein Spiel. Irgendwie wussten wir, dass wir beide diese Fähigkeiten hatten, und doch nahmen wir es noch nicht so ernst. Für mich persönlich kam die Wende, als ich merkte, dass sich meine damalige Freundin immer unwohler fühlte, wenn ich sie anschaute, weil ich aus ihrer Aura einfach viel herauslesen konnte. Wenn sie mich zum Beispiel anschwindelte, konnte ich das sehen. Dann sagte ich sofort: »Du schwindelst gerade, ich sehe orange Wolken in deiner Aura!« Es machte ihr auch Angst, dass ich begann, ihr verstorbene Angehörige zu beschreiben und Botschaften zu übermitteln, oder dass ich Dinge voraussehen konnte.

Auch für mich wurde das zu einer Belastung, denn auf der einen Seite fühlte ich, dass dies meine Berufung war, und auf der anderen Seite spürte ich aber auch, dass ich meine Freundin mehr und mehr verlor. Je stärker ich mich selbst fand, desto fremder wurden mir viele Menschen um mich herum. Das war sehr schwer für mich, ich bekam auf einmal auch Angst vor meinen Fähigkeiten, da ich sie nicht mehr kontrollieren und oft nicht mehr unterscheiden konnte, was meine Gedanken waren und was ich außersinnlich wahrgenommen hatte. Ich fing zu der Zeit auch an, mit Tarot-Karten zu experimentieren – und jedes Mal, wenn ich die Karten legte, kamen sofort ganz klare Bilder. Ich war fasziniert und zugleich geschockt, weil ich im Grunde keine Ahnung von den Karten hatte und sie doch klare Bilder in mir auslösten.

Eines Abends bat mich Rahel, für eine Freundin die Karten zu legen. Ich tat es, und die beiden Mädels waren überrascht, was ich alles sah. Es lief ganz gut, bis ich auf einmal sah, dass ihr Vater tot war. Ich sagte: »Ich sehe, dass dein Vater gestorben ist.« Sie lachte und meinte: »Nein, dem geht es ganz gut, er ist nicht tot! Der ist erst fünfundvierzig.« Ich sah ihn aber ganz deutlich neben ihr stehen und bekam Angst. Ich konnte es nicht verstehen. Dreißig Minuten später klingelte ihr Handy und die Mutter war dran. Sie bat die Tochter, sofort nach Hause zu kommen, weil ihr Vater vor einer Stunde einen Verkehrsunfall gehabt hatte und dabei gestorben war. Damit war klar, dass der Vater zu dem Zeitpunkt, als ich der Tochter das Karten-Reading gegeben hatte, schon verstorben und bei uns war. Wir waren geschockt, und ich bekam vor mir selbst Angst.

Zu dieser Zeit sah ich auch sehr oft den Tod von Menschen voraus, obwohl das kein echtes Voraussehen war, denn der Tod kam dann immer innerhalb der nächsten drei Tage. Heute weiß ich, dass die Seele etwa drei Tage, bevor ein Mensch stirbt, beginnt, sich vom Körper zu lösen. Das kann man in der Aura sehen oder fühlen. Damit sieht man also nicht wirklich in die Zukunft, sondern man nimmt den Ablösungsprozess wahr. Später habe ich auch herausgefunden, dass das auch bei Mord, Unfalltod oder Suizid der Fall ist, also nicht nur bei einem natürlichen Ende.

Zu diesem Zeitpunkt bekam ich immer mehr Anfragen von Freunden und Bekannten, dass ich oder Rahel Lesungen für sie machen sollten. Eine, die mir sehr in Erinnerung geblieben ist, war für eine mir völlig unbekannte Frau per Telefon. Zuerst verlief die Lesung ganz normal. Ich begann zu beschreiben, was ich alles sah, welche Probleme sie im Leben hatte und so weiter. Eine ganz normale Lesung eben. Plötzlich nahm ich die Großmutter aus der Geistigen Welt wahr und sagte: »Ihre Großmutter ist bei mir. Ich soll Ihnen sagen, sie gratuliert Ihnen und ist froh, einen Enkelsohn zu bekommen!« Das war für mich keine eigenartige Botschaft, doch die Frau begann zu lachen und mich zu beschimpfen. Ich verstand die Welt nicht mehr. »Am Anfang hat alles gestimmt, aber Sie sind ein Betrüger! Meine Großmutter ist zwar wirklich gestorben, doch wenn sie tatsächlich bei Ihnen ist, sollte sie wissen, dass ich keine Kinder bekommen kann und dass es mein größter Wunsch wäre, Kinder zu haben. Auch Sie müssten das sehen, wenn Sie wirklich Hellseher wären! Sie sind eine Schande …«

Den Rest erspare ich dir. Mit dieser Sitzung verlor ich mein ganzes Selbstvertrauen wieder. Ich war am Boden zerstört und wollte nichts mehr von außersinnlichen Wahrnehmungen wissen. Mein Geistführer sagte mir zwar noch, ich solle abwarten und mir weiter vertrauen, aber ich hatte genug von allem. Rahel ermutigte mich auch immer wieder, doch ich hielt mich während dieser Zeit selbst für verrückt. Ich war verunsichert und wusste nicht mehr, was ich tun sollte.

Ich traf mich mit meinem besten Freund Pablo und erzählte ihm alles. Er meinte, dass er schon immer gespürt hätte, dass ich Dinge sehen würde, die andere nicht sehen. Doch auch das half mir nicht weiter. Auf einmal, als ich so mit Pablo dasaß, fühlte ich starke Leberschmerzen. Ich konnte das nicht einordnen. Ich bekam plötzlich Bilder, wie Pablo über Wochen krank im Bett lag, und fragte ihn: »Fühlst du dich wohl? Hast du Probleme mit der Leber?«

»Nein, warum? Gar nicht, mir geht es richtig gut!«

»Nichts, vergiss es, alles okay.«

Während dieser Zeit sah ich nur noch sehr unangenehme Dinge, und je mehr ich meine Kanäle verschließen wollte, desto schrecklicher wurden die Bilder, die ich hellsichtig wahrnahm. Ich hatte mein Talent nicht mehr unter Kontrolle und zog mich immer mehr zurück. Das dauerte etwa sechs Wochen. Dann rief mich Pablo an und meinte: »Hey, ich liege schon seit zwei Wochen flach und muss noch mal drei oder fünf Wochen im Bett bleiben. Ich habe Pfeiffer'sches Drüsenfieber und Leberprobleme bekommen. Woher wusstest du das?«

Das tat mir leid, gab mir aber ein wenig Hoffnung zurück – und doch sagte eine Stimme in meinem Kopf immer wieder: »Das ist doch einfach nur Zufall, wie all das andere, was ich wahrgenommen habe!«

Ich versank gerade mal wieder in meinem Selbstmitleid, als mein Handy klingelte. Eine Frau meldete sich: »Können Sie sich noch an mich erinnern? Ich bin die Dame, der Sie über die Großmutter gesagt haben, dass sie schwanger ist. Kurze Zeit nach dem Telefonat mit Ihnen war mir immer übel und ich musste mich übergeben. Ich hatte Angst, dass ich ernsthaft krank bin, und ging zum Arzt. Er fand zum Glück keine Krankheit, sondern stellte fest, dass ich wirklich schwanger bin, und zwar war ich es schon zu dem Zeitpunkt, als wir beide telefonierten! Ich wollte mich bei Ihnen entschuldigen. Es tut mir leid, dass ich mir so lange Zeit ließ, aber ich konnte es selbst nicht glauben.«

Ich spürte, wie sich bei diesen Sätzen die ganze Last der letzten Wochen löste. Ich fühlte mich plötzlich wieder frei und war unglaublich glücklich. Fast noch schöner war für mich der Anruf derselben Dame ein paar Monate später, bei dem sie mir sagte, dass sie einen gesunden Sohn geboren hatte.

Auch heute habe ich immer mal wieder Zweifel, auch wenn ich Tausende von Beweisen habe, dass die Botschaften real sind. Heute dauern meine Krisen aber nur noch ein paar Minuten, doch damals wollte ich mich vor weiteren Abstürzen schützen und begann nachzuforschen, wie und wo ich meine Hellsinne richtig professionell ausbilden könnte. Das war gar nicht so leicht herauszufinden, denn die meisten Ausbildungen in diesem Bereich gehen gerade mal über ein paar Wochenenden oder ein bis zwei Jahre. Doch das war mir zu wenig. Ich fand dann eine seriöse Schule in der Schweiz, in der die Ausbildung etwa vier Jahre dauert. Alle Lehrer dort wurden am renommierten Arthur Findlay College in Stansted in England ausgebildet oder unterrichteten dort. Ich blieb ganze fünf Jahre an dieser Schule in der Schweiz und bin heute noch dankbar, dass ich sie besucht habe. Denn gleich, wie viel Talent man als Kind schon hat, braucht es meiner persönlichen Meinung nach eine fundierte Ausbildung, damit man erfolgreich und seriös in diesem Bereich arbeiten kann. Man braucht nicht unbedingt diese vielen Jahre, um die Hellsinne zu aktivieren, sondern vor allem, um eine Sicherheit zu bekommen, Vertrauen in sich selbst und in die eigenen Fähigkeiten zu gewinnen und vor allem, um großes Vertrauen in die Geistige Welt zu erwerben. Man muss seine eigenen Grenzen erfahren und darf sich dennoch von diesen Grenzen nicht einengen lassen. Meine Ausbildungszeit war hart und nicht immer einfach, doch bin ich dankbar für die liebevolle Unterstützung und sogar für die manchmal harten Worte von meinen Lehrern, denn die hatte ich auch ab und zu gebraucht.

Während meiner Ausbildungszeit war es nie mein Ziel, später mal als Medium zu arbeiten oder gar selbst Menschen auszubilden. Ich war damals auch noch an der Schauspiel-schule und hatte nebenher schon einige Aufträge als Schau-spieler, ich fühlte mich in dieser Welt ganz wohl. Doch am 1. März 2003 starb mein Vater plötzlich. Obwohl ich nicht viel mit ihm zu tun hatte, riss mir das den Boden unter den Füßen weg.

Im April hatte ich dann eine Intensivwoche in der Medialen Schule und meine Lehrerin gab mir zusammen mit einer Mit-schülerin während des Unterrichts einen Kontakt zu meinem Vater. Ich habe während meiner Ausbildung immer mal wie-der einen solchen Kontakt bekommen, doch dieser war sehr präzise und unglaublich für mich. Ich kann hier gar nicht alles beschreiben, aber ich weiß noch, dass ich im Seminarraum stand und mir die Tränen über die Wangen liefen. Es fand in den paar Minuten eine unglaublich intensive Klärung zwischen mir und meinem Vater statt, so viele alte Wunden verschwan-den. Für mich war und bleibt dies wohl der eindrucksvollste Kontakt zu meinem Vater und auch der wichtigste.

Danach musste ich erst mal raus. Ich verließ den Klassen-raum und ging an die frische Luft, zündete mir eine Zigarette an und versuchte, das Erlebte zu verarbeiten. Für mich war es bewegend, dass sich durch den Kontakt zu meinem verstorbe-nen Vater alte Muster und Blockaden auflösten. Ich war nicht einmal so sehr von den präzisen Details überrascht, die mir die beiden Medien gaben, sondern vielmehr von der Energie und der Heilung, die ich in dem Moment erfuhr. Das war für mich der ausschlaggebende Punkt.

In diesem Moment wurde mir klar: Ich wollte als Medium arbeiten. Ich wollte den Menschen genau diese Heilung geben, die ich in jenem Reading erfahren durfte. Ich entschied mich von einer Sekunde auf die andere, meine Schauspielkarriere aufzugeben, mein Leben total zu verändern und meine Berufung zu leben. Bis heute habe ich diese Entscheidung nie bereut, auch wenn es ein sehr mutiger Entschluss war. Ich ging nach Hause, rief meinen Schauspielmanager an und sagte ihm: »Ich werde nicht mehr als Schauspieler arbeiten! Ich habe meine Berufung gefunden, ich werde Medium!«

Ich hörte nur: »Äh, puh, okay!«

Danach war das Gespräch beendet. Ich weiß nicht, ob mein Manager überhaupt wusste, was ein Medium ist, oder ob er dachte, dass ich Witze machte. Ich weiß nur, dass ich von dem Tag an genau wusste, was ich wollte – und das war ein gutes Gefühl für mich.

Meine Ausbildungszeit

Ich hatte am Anfang noch große Mühe, meine Hellsinne zu kontrollieren und richtig einzusetzen. Ich wusste auch deshalb, dass ich eine fundierte Ausbildung brauchte, und war zunächst überwältigt von den vielen Angeboten im Internet. Es war schockierend, dass sogar Ausbildungen an nur zwei Wochenenden angeboten wurden.

Es gab in der Schweiz nur eine Schule, die eine umfassende Schulung über mehrere Jahre anbot, und genau dorthin wollte ich gehen – und wie du bereits weißt, ging ich dort dann auch hin.

Ich meldete mich für einen Kurs an und war überrascht, als ich den Schulleiter Andy das erste Mal sah. Ich konnte mir kaum vorstellen, dass er ein Medium sein sollte, und dann auch noch ein gutes! Er sah so normal aus. Medien, die ich bis zu diesem Zeitpunkt kennengelernt hatte, waren immer irgendwie speziell. Doch Andy hat mich von der ersten Stunde an überzeugt. Er und seine Frau, die auch Schulleiterin ist, haben sich mehrere Jahre am renommierten Arthur Findlay College in England ausbilden lassen, diese Schule sollte ich selbst ein paar Jahre später auch kennenlernen.

Man konnte sich an der Schweizer Schule in verschiedenen Richtungen entwickeln. Ich begann mit der Ausbildung »Medialität und Sensitivität«, später machte ich noch die Ausbildung zum »Trance-Medium«. Neben meiner Lehre an der Schule besuchte ich viele zusätzliche Kurse. Ich wollte so schnell wie möglich vorankommen. Während der Zeit hatte ich mich mit einem Online-Shop selbstständig gemacht, der Esoterik-produkte vertrieb, und ich arbeitete auch noch in einem Eso-terikgeschäft in Basel. Ich bin dem Besitzer dieses Ladens sehr dankbar, dass er mir damals diesen Job gab. Ich arbeitete also und besuchte parallel dazu die Ausbildung und so viele Kurse wie möglich. Das war immer eine Frage des Geldes. Ich gab fast alles für Weiterbildungen aus. An Urlaub war während dieser Zeit kaum zu denken. Wenn ich ein paar Tage oder Wochen wegfuhr, dann in eine Ausbildungswoche und später nach England.

An der Schule fühlte ich mich sehr wohl, obwohl manch-mal viel von uns verlangt wurde. Doch den meisten Druck machte ich mir selbst, denn ich wollte immer mehr und noch präziser arbeiten. Es kam ab und zu mal vor, dass mich ein Lehrer stoppte und mich darauf aufmerksam machte, dass Spiritualität auch Spaß machen soll. Doch wenn ich so zu-rückdenke, vergingen die Wochen und Monate wie im Fluge, und manchmal vermisse ich diese Zeit.

Die Ausbildung war sehr breit gefächert und enorm um-fangreich. Ich glaube, ich darf sagen, dass ich ein diszipliniert-ter Schüler war. Ich habe in der ganzen Zeit kaum eine Unter-richtsstunde verpasst, und manchmal bin ich doppelt so lange mit dem Zug unterwegs gewesen, als der Unterricht dauerte. Doch für mich war jeder Moment wertvoll, ich war dankbar für jede Minute, in der ich geschult wurde.

Später, als meine Ausbildung in der Schweiz schon fast zu Ende war, zog es mich immer mehr nach England ans Arthur Findlay College. Anfangs machte ich mir große Sorgen, weil ich kaum Englisch konnte. Doch zum Glück gibt es dort auch viele Kurse, die ins Deutsche übersetzt werden.

Eigentlich wollte ich nur einmal nach England gehen, um die Wurzeln des Spiritualismus kennenzulernen. Na ja, wer einmal dort war, weiß, dass man so schnell nicht wieder wegkommt. Bis heute zieht es mich immer wieder nach England, und es ist enorm, was man dort alles lernen kann. Ich merkte, dass ich mit der Ausbildung nie am Ende sein werde. Mir macht es viel Spaß weiterzulernen, und ich freue mich auf alles, was ich noch entdecken darf.

In England ist das Medium wie ein Priester, und irgendwie sah ich auch immer mehr Parallelen zu meinem Berufswunsch in der Kindheit, denn als Kind wollte ich wirklich immer Priester werden. Schon als kleiner Junge spielte ich das im Keller bei uns, und zwar war ich nicht irgendein Priester – ich war ein italienischer Priester. Schon spannend, was man als Kind für Wünsche hat. Mir war es wichtig, dass ich nicht nur irgendein Priester war, nein, es musste ein italienischer sein. Wichtig war mir aber damals ebenfalls schon, etwas für Menschen zu machen, sie zu unterstützen. Auch später als TV-Moderator ging es mir hauptsächlich darum, einen Mehrwert für die Zuschauer zu vermitteln. Ich moderierte eine Jugendsendung, wir informierten über Themen wie Gewalt, Drogen, Integration von Ausländern, Beruf und Schule. Das Ziel der Sendung war es, junge Zuschauer aufzuklären und etwas Sinnvolles zu vermitteln. Schon immer war es mir wichtig, etwas weiterzugeben und eine Stütze für die Menschen zu sein. Als Medium kann ich genau diese Bedürfnisse jetzt leben.

Gerade in England durfte ich erfahren, was es heißt, ein Medium zu sein. Es kam immer mal wieder vor, dass, während ich dort war, ein Gemeindemitglied starb und es dann in der Kirche eine Beerdigung gab, die natürlich ein Spiritualistisches Medium leitete. Oder es wurde ein Lehrer ins Krankenhaus oder ins Gefängnis gerufen, weil ein Mitglied der SNU (Spiritualist National Union) Heilung oder Hilfe brauchte.

Ich bin kein beziehungsweise noch kein SNU-zertifiziertes oder -diplomiertes Spiritualistisches Medium, und dennoch sehe ich meine Aufgabe nicht nur im Vermitteln von Botschaften aus dem Jenseits, sondern betrachte meine Arbeit auch als eine Art Seelsorge. Mit meinem Tun möchte ich anderen nicht nur die Angst vor dem Tod nehmen, sondern den Menschen zum Beispiel auch mit Trance-Healing bei körperlichen Beschwerden helfen. Außerdem ist es mir wichtig, bei Vorträgen oder Seminaren zu zeigen, wie man glücklicher und zufriedener wird und – ja, ich bringe die Menschen sehr gern zum Lachen, denn Lachen ist eine wunderbare Therapie.

Als ich in England Fortbildungen besuchte, stellte ich also fest, dass ein Medium wirklich ein Priester ist, und so ging mein Kindertraum doch noch in Erfüllung, wenn auch ein bisschen anders – denn auch wenn mich meine außersinnlichen Fähigkeiten so helfen lassen, wie ein Priester es tut, kann ich aus mir keinen Italiener machen.

Alles in allem war die Schule auch wie ein Schutz: Ich konnte dort meine Fähigkeiten entwickeln und ausprobieren, und jeder, der auch an der Schule war, wusste, wie schwer es manchmal ist, das, was man mit den Hellsinnen wahrnimmt, so auszusprechen oder richtig zu interpretieren, dass es für den Klienten einen Sinn ergibt. An der Schule konnten wir so viele Fehler machen, wie wir wollten, und ich konnte die Sprache der Geistigen Welt verstehen lernen, ohne Druck und ohne die Angst, ich könnte nicht für voll genommen werden.

Bei uns an der Schule waren einfach nur Menschen, die ernsthaft ihre Hellsinne entwickeln wollten. Nur ab und zu verirrte sich jemand dorthin, der dachte: »Ich geh mal ein Wochenende und dann mache ich das große Geld!« Diese Leute fanden sehr rasch auf den Boden der Tatsachen zurück und verließen die Ausbildung meist schnell wieder.

Ich erlebte auch viele sehr lustige Momente, die mir zeigten, wie wichtig die Sprache ist, die ein Medium spricht. Einmal bei einer Jenseitsdemonstration hatte ich eine Frau bei mir, die aufgrund eines Autounfalls starb, und ich sagte: »Ich habe eine Schwester von jemandem hier, die bei einem Autounfall umkam, sie war schon ein bisschen älter! Kann damit jemand etwas anfangen?« Niemand. Ich konnte mir kaum erklären, dass man so etwas nicht verstehen konnte, denn wir waren ja nur dreißig in der Gruppe. Also fragte ich: »Hat niemand eine Schwester bei einem Autounfall verloren?«

Eine Dame meldete sich und meinte: »Doch, ich, aber meine Schwester war erst siebenundzwanzig und nicht älter!«

Ich entgegnete: »Hör mal, ich bin dreiundzwanzig, und für mich ist siebenundzwanzig schon fast dreißig, und das ist älter!«

Naja, so war ich. Heute mit dreißig finde ich eine solche Aussage auch ganz schön frech, doch damals war das einfach so für mich. Ich lernte eine wichtige Lektion: Hätte ich nicht mein persönliches Empfinden hineingebracht, wäre die Beschreibung sofort verstanden worden. Dies ist nur ein kleines Beispiel dafür, wie wichtig es ist, in einem geschützten Rahmen zu lernen und zu üben. Denn das, was ich wahrgenommen hatte, war ja absolut richtig, aber ich konnte es nicht in die Sprache übersetzen, die verstanden werden konnte.

Meine Zeit an den Schulen war für mich sehr wichtig, und ich kann nur jedem, der ein professionelles Medium werden möchte, empfehlen, eine seriöse Ausbildung zu machen. Nur so wird man gefestigt und kann meiner Meinung nach das Talent, das man vielleicht schon von klein auf hat, wirklich zum Erblühen bringen.

Meine ersten Schritte als Medium

2006 begann ich, offiziell Lesungen anzubieten. Ich war damals vor allem auf Aura-Readings spezialisiert. Jenseitskontakte machte ich mehr so nebenher, obschon es bereits damals so war, dass sie mir viel leichter fielen und ich sie auch viel lieber gab als Aura-Readings. Denn bei den Aura-Lesungen ging es mehr darum, den Klienten aufzuzeigen, in welcher Situation sie sich befanden, ihnen ihre Talente und Muster zu entdecken, damit sie Probleme erkennen und auflösen können. Das war an sich gut, doch die meisten wollten den einfachen Weg gehen und nur wissen, was in der Zukunft kommt. Sie wollten nicht hören, wie sie aktiv das Leben zum Positiven verändern oder an sich selbst arbeiten könnten. Ich merkte, dass die Klienten da in eine Abhängigkeit gerieten, wenn sie immer nur erfahren wollten, was aus einer Situation werden wird.

Damals hatte ich beispielsweise einen sehr netten Klienten, der mich regelmäßig anrief, damit ich schauen würde, wie er beruflich weiterkommen und planen sollte. Anfangs waren es ganz normale Standortbestimmungen. Er war sehr erfolgreich und nutzte meine Hilfe, um seinen Erfolg zu optimieren. Wir telefonierten anfangs vielleicht so alle vier bis fünf Monate einmal. Doch dann verliebte er sich in eine wesentlich jüngere Frau, die mehr an seinem Geld als an ihm als Person interessiert war. Ich habe ihm dies auch so gesagt, da wir uns schon länger kannten. Doch er wollte nichts davon wissen, und aus den gelegentlichen Anrufen wurden fast tägliche Gespräche.

Er wurde richtiggehend besessen von der Frau und wollte keine Entscheidung mehr ohne meinen Ratschlag treffen. Das wurde mir zu viel, und ich sagte ihm, dass ich ihm gern helfen würde, seine Muster zu erkennen und wieder frei zu werden, um selbst Entscheidungen zu treffen – aber das wollte er nicht. Er wollte immer nur wissen, was die Frau in der nächsten Zeit machen würde, ob sie ihn heute anruft oder nicht, ob sie sich sehen oder nicht.

Das machte mir bald keinen Spaß mehr, mein Talent wollte ich nicht dafür missbrauchen. Ich zog mich zurück und fragte meinen Geistführer Großer Bär um Rat. Der Große Bär ist mein Hauptführer, den ich seit vielen Jahren kenne und der bis heute immer bei mir ist. Auf die Geistführer werde ich später noch genauer eingehen. Ich fragte also: »Großer Bär, ist es sinnvoll, Zukunftsprognosen zu stellen? Ist denn die Zukunft überhaupt vorherbestimmt? Warum kann ich gewisse Dinge sehen, und die treffen dann auch zu hundert Prozent so ein, und andere treffen nie ein oder erst viel später?«

»Nun mal langsam, mein Freund«, sagte der Große Bär, »die Zukunft ist vorhersehbar, aber nicht so, wie du denkst. Denn die Zukunft ist nicht vorherbestimmt, jeder Mensch formt selbst seine Zukunft. Ihr lebt hier auf der Erde, und hier gibt es das Gesetz von Ursache und Wirkung. Das heißt, alles, was du tust, hat eine Auswirkung – ob die positiv oder negativ ist, liegt an der Ursache, die du selbst setzt. Wenn du jetzt die Zukunft von jemandem liest, schaust du im Grunde die Vergangenheit an, und daher weißt du, was in Zukunft passieren oder eintreffen muss. Die meisten Menschen werden immer wieder von ihren Mustern eingeholt, und da sie sich nicht verändern möchten oder können, da sie sich ihrem Schicksal ergeben, kannst du dann über die Aura diese Muster erkennen und daher auch sagen, was eintreffen wird.

Doch im Grunde ist nicht die Zukunft vorherbestimmt, sondern die Vergangenheit formt die Zukunft. Ich hoffe, das ist verständlich. Die meisten Menschen pflanzen ihr Leben lang nur Mais und beklagen sich dann, dass sie nur Mais ernten. Doch es fehlt ihnen der Mut oder sie sind zu faul, mal etwas Neues auszuprobieren und neue Samen zu setzen – und dann wundern sie sich, warum nichts Neues entsteht. Jeder Mensch hat aber in jeder Sekunde die Möglichkeit, sein Leben zu verändern. Ohne Ausnahme!

Dein Weg ist es nicht, den Menschen die Zukunft vorherzusagen, dein Weg ist es, Heilung zu geben. Du wirst immer wieder zukünftige Erlebnisse sehen, doch werden sie für deine Readings bedeutungslos. Du bist ein Medium, ein Botschafter zwischen der Geistigen Welt und den Menschen. Durch dich kann Heilung in der Beziehung von Verstorbenen und Hinterbliebenen entstehen. Lass dich nicht von Zukunftsberatungen ablenken, sondern folge deiner Bestimmung!«

»Was ist meine Bestimmung?«

»Deine Bestimmung ist das, was dir Freude macht – und was macht dir im Moment am meisten Freude?«

»Jenseitskontakte und dass dadurch Heilung bei den Menschen entstehen kann!«

»Dann ist das deine Bestimmung, vielleicht nicht für immer, aber sicher für die nächsten Jahre! Solange du Freude daran hast.«

Diese Unterhaltung gab mir eine tiefe Zufriedenheit, und ich machte von dem Zeitpunkt an keine Telefonberatungen mehr. Denn mir wurde auch bewusst, dass Menschen, die den

Weg auf sich nehmen, in meine Praxis zu kommen, auch eher bereit sind, an sich zu arbeiten. Aura-Lesungen machte ich damals zwar noch, aber nur dafür, um den Klienten ihr Potenzial aufzuzeigen und ihnen ihre Muster und Blockaden bewusst zu machen, damit sie ihr Leben in eine positive Richtung würden verändern können.

Anfangs war es eine harte Zeit als Medium. Da ich noch sehr jung war, kam es oft vor, dass die Menschen, die an der Tür klingelten, nach meinem Vater fragten. Wenn ich dann sagte, dass ich das Medium bin, sah ich den Leuten an, dass sie am liebsten wieder gegangen wären. Doch später sollte mir gerade mein geringes Alter zum Durchbruch verhelfen. Um den Leuten die Angst zu nehmen, dass ich zu jung wäre oder dass sie bei einem Abzocker gelandet seien, führte ich die »Geld-zurück-Garantie« ein. Wenn jemand mit einer Sitzung nicht zufrieden war, bekam er sein Geld zurück. Ich sage immer: »Ich möchte für die Qualität meiner Arbeit bezahlt werden und nicht für meine Zeit!« Auch heute noch haben alle Klienten bei mir die Geld-zurück-Garantie. Das hilft vielen, sich zu entspannen und offen für die Beratung zu sein.

2007 wohnte ich in Luzern, nur für kurz, doch für mich war es eine sehr wichtige Zeit. Denn ich war damals mit meiner eigentlichen Ausbildung fast zu Ende und bildete mich immer mal wieder in England weiter. In Luzern begann ich nun damit, mich offiziell Medium zu nennen. Das war dort für mich auch einfacher als in dem kleinen Dorf Sissach, wo ich aufgewachsen bin. In Luzern kannte mich niemand, und es war mir egal, ob die Menschen mich als Sonderling oder Spinner ansahen.

Innerhalb kürzester Zeit machte ich mir einen guten Namen

als Medium. Vor allem hatte sich herumgesprochen, dass ich in der Kommunikation mit Verstorbenen gut sei. Ich genoss die Zeit. Fast täglich hatte ich Sitzungen und nebenher noch meinen Shop. Ich konnte von den Einkünften zwar nur knapp leben, aber es ging gerade so.

2004 hatte ich mein erstes Buch geschrieben, und genau dieses Buch sollte mir 2007 den Durchbruch bringen. Ich schrieb es damals aus Langeweile und auf die Bitte eines Freundes hin, ich solle doch mal meine Lebensgeschichte erzählen. Es gäbe viele junge Menschen, die ein ähnliches Talent hätten wie ich, und die meisten wüssten aber nicht, wie sie damit umgehen sollten. Ich getraute mich damals nicht, eine Biografie zu schreiben oder wirklich öffentlich zu meinem Talent zu stehen. Ich arbeitete immer noch als Schauspieler und wurde vor allem für Werbung gebucht – meine Angst war groß, dass ich keine Aufträge mehr bekommen würde, wenn man wüsste, dass ich Medium bin.

So schrieb ich einen Roman, in dem ich meine Lebensgeschichte einflocht, und brachte das Buch im Eigenverlag heraus. Mein Ziel war nicht, viel zu verkaufen, sondern eher etwas für Freunde und Bekannte zu haben. Man konnte das Buch aber auch über meinen Online-Esoterik-Shop beziehen. Sehr zu meinem Erstaunen meldete sich eines Tages ein richtiger Buchverlag bei mir. Und ich konnte es kaum fassen, als ich von der Verlegerin gefragt wurde, ob ich Interesse an einer Zusammenarbeit hätte. Freudig stimmte ich zu!

Innerhalb von zwei Wochen arbeitete ich den Roman wieder um – und diesmal war es *meine* Lebensgeschichte, die ich aufzeichnete. Ich konnte damals noch völlig unbefangen an meine Bücher herangehen und schrieb einfach alles auf, was mir in den Sinn kam.

Beruhigt gab ich dem Verlag mein Manuskript ab und hatte das Ganze dann auch schon fast wieder vergessen. Für mich ging mein Alltag als Medium weiter. Im April 2007 sollte das Buch erscheinen, doch ich spürte auch den Drang, wieder nach England ans Arthur Findlay College zu fahren, um eine Weiterbildung zu besuchen. Vorher bat mich aber meine Verlegerin noch, eine kleine Buchvorstellung zu machen. Sie hatte einen Event organisiert, einen spirituellen Abend, und wollte mir dort die Möglichkeit geben, mich und mein Buch kurz vorzustellen.

Ich war damals noch sehr schüchtern und zurückhaltend. Doch dieser Abend und mein Vortrag dort sollten mein Wendepunkt sein. Am Ende der Veranstaltung, an der mehrere Autoren teilnahmen, durfte ich mich vorstellen. Es waren rund hundertvierzig Zuhörer gekommen, und auf einmal fühlte ich meinen Geistführer ganz nah. Ich begann, von mir und meiner Arbeit zu erzählen, am Anfang sehr zurückhaltend, bis mein Geistführer sagte: »Du bist Schauspieler, du musst nicht nervös sein, sei einfach, wie du bist, und entspann dich! Rede, wie dir der Schnabel gewachsen ist!«

Ich wurde ein bisschen lockerer, doch meinem Geistführer reichte das noch nicht: »Schau, hier ist eine verstorbene Mutter, beginne von ihr zu erzählen.« Das machte ich dann, ich konnte die Mutter ganz klar wahrnehmen und begann, sie detailliert zu beschreiben.

Leider kann ich mich nicht mehr an Einzelheiten erinnern. Doch es war sehr präzise, und das löste meine ganze Anspannung, weil ich plötzlich nicht mehr in misstrauische Gesichter schaute, sondern in neugierige und erstaunte. Bereits während des Vortrags spürte ich große Erleichterung, weil es so gut lief.

Am nächsten Tag flog ich nach England. Diesmal war alles anders als sonst. Ich kann mich noch gut an ein Gespräch mit einem Lehrer erinnern, den ich auch schon aus der Schweiz kannte: »Pascal, bei dir ist es Zeit hinauszugehen. Deine offizielle Ausbildung ist hier zu Ende!«

»Nein, ich habe noch so viel zu lernen, ich bin noch lange nicht am Ende meiner Ausbildung!«

»Ich habe nicht gesagt, du sollst dich nicht weiterentwickeln, aber ich sehe einfach, dass jetzt die Zeit für dich da ist, wirklich Medium zu sein! Vertraue dir einfach!«

Dann ging er weiter und ließ mich stehen.

Ein paar Wochen später stieg mein Buch in die Top Ten der Bestseller-Sachbuchliste der Schweiz ein.

Von da an war ich nur noch Medium, ich hatte keine Zeit mehr, groß etwas anderes zu machen. Seit diesem Zeitpunkt lebe ich meine Berufung! Ich bin der Geistigen Welt sehr dankbar, denn sie hat mir viele Menschen und Situationen in mein Leben gebracht, die mir geholfen haben, meinen Weg zu erkennen. Ich weiß nicht, wie mein Leben ausgesehen hätte, wenn mein Buch nicht zu dieser Verlegerin gekommen wäre oder ich es an diesem Abend nicht hätte vorstellen können. Ich will es auch nicht wissen, ich bin einfach nur dankbar dafür.

Was ist ein Medium und wie arbeitet es?

Diese Fragen sind gar nicht so leicht zu beantworten. Ich schreibe hier, wie ich ein Medium sehe und was ich für die Aufgabe eines Mediums halte. Persönlich bezeichne ich mich gern als Psychic Medium; man könnte es übersetzen als »übersinnlicher Vermittler« oder »Kanal«. Ich wurde wie gesagt nach dem englischen Spiritualismus ausgebildet, den man durchaus als Religion bezeichnen kann. In England und auch an anderen Orten auf der Welt gibt es viele Kirchen dieser Richtung. Und ein Medium hat in einer Spiritualistischen Kirche dieselben Aufgaben wie ein Priester hier. Es hält Gottesdienste, tauft Kinder, zelebriert Hochzeiten, begleitet Beerdigungen, übt Seelsorge aus und besucht Menschen im Krankenhaus oder im Gefängnis.

Nach dem klassischen Spiritualismus hat ein Medium nichts mit Wahrsagerei, Astro-TV oder Hellsehen zu tun. Auch wenn ein Medium hellsichtig ist, ist es dennoch kein Hellseher, der in die Zukunft schauen kann. Natürlich gibt es Medien, die auch Lebensberatung geben oder Zukunftsprognosen machen. Doch bei einer medialen Sitzung im Rahmen des englischen Spiritualismus wird das nicht der Fall sein.

Ein Medium ist ein Botschafter, ein Kanal zwischen Jenseits und Diesseits. Wenn jemand Zukunftsprognosen möchte, muss er sich an einen Wahrsager wenden. Viele Menschen verwechseln das. Das ist ungefähr so, wie wenn sie in die Metzgerei gehen und dort ein Brötchen kaufen wollen. Auch wenn beide Lebensmittel verkaufen, gibt es doch einen klaren Unterschied. Das gilt auch für Medien und Wahrsager. Allerdings kennen zahlreiche Medien selbst den Unterschied nicht, und dann muss es natürlich große Verwirrung geben.

Ein Medium sollte sich meiner Meinung nach auf die Trauerarbeit konzentrieren und keine Zukunftsprognosen stellen. Heilsame Trauerarbeit ist die Aufgabe eines Mediums. Man könnte es, wie gesagt, auch als Seelsorger bezeichnen. Der Glaube an ein Weiterleben nach dem Tod ist die Essenz des Spiritualismus, und Medien wollen dieses Weiterleben beweisen. So vergeht eigentlich kein Gottesdienst, ohne dass die Medien in den Kirchen Jenseitskontakte herstellen, also Verbindung mit Verstorbenen aufnehmen.

Ein Spiritualistisches Psychic Medium möchte durch präzise Details beweisen, dass man wirklich mit Verstorbenen in Kontakt treten kann. Pauschale Aussagen werden dabei möglichst vermieden. Ich arbeite als typisches Spiritualistisches Psychic Medium: Ich stelle den Kontakt zu Verstorbenen beziehungsweise zur Geistigen Welt her. Jemanden, der Karten legt, Aura-Readings macht, Kaffeesatz liest, Handlesen oder sonstige Lesungen betreibt, die nichts mit Verstorbenen oder mit Geistführern zu tun haben, nennt man nach dem Sprachgebrauch im englischen Spiritualismus *Sensitive*, also »sensitiver Mensch«.

Der große Unterschied noch einmal anders und vielleicht noch leichter verständlich erklärt: Ein Medium ist jemand, der mit Verstorbenen oder Geistwesen in Kontakt treten kann. Ein Sensitiver liest die Energie von lebenden Objekten (Personen, Tieren) oder von Orten, die für jeden Menschen sichtbar oder berührbar sind. Ein Medium hat immer beide Fähigkeiten, es ist sowohl sensitiv als auch medial. Ein Sensitiver muss hingegen nicht zwingend das Talent besitzen, mit der Geistigen Welt in Kontakt treten zu können.

In England oder auch in den USA gibt es etliche Medien und Sensitive, die für die Polizei oder für Krankenhäuser arbeiten. In manchen Ländern wird der Beruf des Mediums besser akzeptiert und ernster genommen als noch in vielen Teilen Europas. Doch auch hier tut sich einiges. Ich kann über die letzten vier Jahre einen unglaublichen Wandel feststellen. Mir persönlich war und ist es ein großes Anliegen, den Beruf des Mediums seriös darzustellen. Viele Menschen sind sehr kritisch, wenn es um Medien geht, und auch ich muss mich immer wieder rechtfertigen.

Leider muss ich auch sagen, dass es zu viele Leute gibt, die sich Medium oder Hellseher nennen, dieses Talent aber nicht besitzen oder nicht seriös ausgebildet sind. Damit geben sie den Kritikern natürlich nur Nahrung. Mit meiner Arbeit möchte ich zeigen, dass es Menschen gibt, die dieses Talent wirklich haben und es gebrauchen, um anderen Menschen so gut es geht zu helfen. Ich kann dabei natürlich keine Verantwortung für andere Medien übernehmen, sondern nur für meine Arbeit.

Mir ist auch bewusst, dass es viele Kritiker gibt, die mich und meine Arbeit anzweifeln. Doch solange ich am Abend in den Spiegel schauen kann und weiß, dass ich ehrlich war, reicht mir das. Mir geht es heute nicht mehr darum, etwas zu beweisen, sondern vielmehr den Menschen eine Möglichkeit der Heilung aufzuzeigen.

Ein Medium kann für die Trauerverarbeitung sehr hilfreiche Arbeit leisten. Ich sage nicht, dass dies die einzige Möglichkeit ist, doch erlebe ich tagtäglich, wie sich Menschen verändern und die Trauer loslassen können, indem sie nochmals in Verbindung mit dem verstorbenen geliebten Menschen gehen können. Viele fragen mich trotzdem immer noch: »Warum nimmst du Kontakt mit Verstorbenen auf? Was bringt mir das denn? Wofür soll das gut sein?«

Ich denke, eine solche Frage kann nur jemand stellen, der noch nie jemanden durch den Tod verloren hat, den er sehr geliebt hat oder bei dessen Sterben drängende Fragen offenblieben. Man stelle sich vor, man verliert ein Kind durch Unfall, Selbstmord oder Mord. Da tauchen automatisch viele Fragen auf. Leider erlebe ich es nur noch selten, dass jemand zu mir in eine Sitzung kommt, dessen verstorbene Person »schön« sterben durfte. Mit »schön« meine ich, dass sie alt wurde, einfach einschlafen durfte und die Seele den Körper verließ. Täglich habe ich Klienten, die von vielen Fragen geplagt werden: Was ist wirklich passiert? Wie ist es geschehen? Wie konnte es dazu kommen? Warum war derjenige überhaupt an diesem oder jenem Ort? Was hat ihn dazu getrieben, den Freitod zu wählen?

Für mich ist klar, dass man vielleicht nicht verstehen kann, warum der Wunsch entsteht, nochmals mit einem Verstorbenen in Kontakt zu treten, wenn man so etwas nicht selbst erlebt hat. Doch ich sehe, wie wertvoll es sein kann, wie sich Wunden schließen und heilen, einfach indem ein paar Fragen geklärt werden können.

Wichtig ist auch zu wissen, dass ich als Medium keine Orakel mitspiele. Bei mir in den Sitzungen geht es nicht darum, die verstorbene Großmutter zu fragen, ob man ein Haus kaufen oder welchen Mann man heiraten soll, sondern es geht wirklich darum, Trauerarbeit zu leisten. Für mich ist der Beruf des Mediums etwas, das man mit größter Verantwortung ausüben muss.

Man kommt als Medium mit so vielen traurigen Schicksalen in Berührung, da braucht es eine dicke Haut. Man muss den Beruf wirklich lieben, sonst kann man ihn nicht lange ausüben. Ich habe in den letzten Jahren, seit ich als Medium arbeite, Dinge gesehen und erlebt, von denen ich mir nie hätte vorstellen können, dass sie überhaupt möglich sind. Vielfach war ich auch schockiert darüber, wie grausam Menschen sein können, gerade bei Mordfällen. Das sind Bilder, die sich auch meinem Unterbewusstsein einprägen, und es ist dann manchmal sehr schwer, sie wieder gehen zu lassen.

Doch wenn man dann sieht, dass Heilung stattfindet, dass man einem Klienten helfen konnte, die Lebensfreude wiederzufinden, oder wenn man sieht, dass Familien wieder Familien werden, dann wird man für all das entschädigt. Ich versuche als Medium dem Klienten so viele klare Details wie möglich aus dem Leben eines Verstorbenen zu übermitteln. So kann er sicher sein, dass der Verstorbene wirklich da ist, dass er bei uns anwesend ist. Und er kann sicher sein, dass ich diese Informationen nur vom Verstorbenen haben kann. Das ist mir besonders wichtig.

Viele fragen mich, ob die Verstorbenen immer noch so aussehen, wie sie waren, oder warum ich sie so beschreiben kann, wie sie am Schluss ausgesehen haben. Im Grunde ist es so, dass die Verstorbenen in der Geistigen Welt keine körperliche Form mehr haben, doch sie zeigen sich mir in einer Form, damit sie vom Klienten erkannt werden können. Es nützt nichts, wenn sich mir ein verstorbener Sohn als helles Licht zeigt und ich dann der Mutter in der Sitzung sage: »Ihr Sohn ist hier, er ist ein helles Licht, und er sagt mir, es geht ihm gut!« Das ist meiner Meinung nach nicht glaubwürdig, obwohl ich mir sicher bin, dass wir nach dem Tod unser körperliches Äußeres nicht behalten. Doch die Verstorbenen zeigen sich mir eben in einer Gestalt, in der man sie erkennen kann.

Auch muss uns bewusst sein, dass Verletzungen und Behinderungen – sowohl geistige wie körperliche – nach dem Tod sofort aufgelöst sind. Das waren nur Einschränkungen unseres Körpers und nicht unserer Seele und unseres Energiekörpers – in denen aber existieren wir weiter. Wenn ein Mensch körperliche Schmerzen hatte und mir diese zeigt, dann auch nur deshalb, damit der Klient den Verstorbenen erkennen kann. Ich hatte schon Tausende Sitzungen und habe bis heute noch nie einen Verstorbenen getroffen, der mir sagte, dass er noch Schmerzen hat oder dass es ihm nicht gut geht. Noch nie! Das hilft mir, das Ganze zu verarbeiten – gerade wenn es um Kinder geht, ist es nämlich sehr schwer für mich.

Doch wenn ich sehe, dass es den Kinderseelen gut geht, dann gibt mir das die Kraft, mir die Bilder von Tod, Krankheit oder Misshandlungen anzuschauen. Für mich persönlich ist klar, dass der Tod etwas Schönes ist und dass wir alle an einen guten Ort kommen. Doch fehlen auch mir die körperlichen Berührungen zum Beispiel dann, wenn ein guter Freund von mir stirbt. Auch ich bin dann traurig, doch zugleich bin ich auch glücklich, weil ich weiß, dass die Seele jetzt wieder zu Hause ist und ich absolut davon überzeugt sein kann, dass sie jetzt an einem angenehmen und schönen Ort weilt.

Ich möchte hier noch etwas über Medien im Allgemeinen schreiben. Im Grunde ist jeder Mensch bis zu einem gewissen

Grad medial veranlagt. Wir alle spüren und empfangen in gewissen Situationen Dinge, die für unser Auge nicht sichtbar sind. Bei einem Medium sind die übersinnlichen Antennen einfach besser ausgeprägt. Vielfach wird bei einem Medium von einer Gabe Gottes gesprochen – das ist für mich richtig und falsch zugleich! Denn alle Talente und Gaben sind von Gott! Doch ganz wichtig ist: Wenn jemand mediale Fähigkeiten hat, heißt das nicht, dass er damit automatisch ein »besserer« Mensch ist, sondern er ist aus meiner Sicht ein ganz normaler Mensch, der einfach feinfühliger ist als der Durchschnitt.

Oft werde ich auch gefragt, wie man ein gutes Medium erkennen kann. Das lässt sich leider gar nicht so einfach sagen. Doch es gibt schon einige Dinge, die anzeigen, ob ein Medium seriös ist oder nicht. Bei den meisten Medien mit einem »normalen« Auftreten kann man davon ausgehen, dass sie ihren Beruf ernst nehmen. Ich würde allerdings immer darauf achten, welche Ausbildung das Medium hat. Lass dich nicht blenden von Aussagen wie: »Ich brauche keine Ausbildung, ich konnte das schon immer« oder »Ich war schon als Kind medial!« Die meisten Medien haben ihr Talent sicher schon im Kindesalter entdeckt. Doch auch eine Begabung für ein Instrument wird zwar oft im Kindesalter bemerkt, derjenige kann aber ohne Unterricht und viele Übungsstunden dennoch keine Konzerte spielen. Es mag vereinzelt mediale Ausnahmetalente geben, die tatsächlich keine Ausbildung im klassischen Sinne absolviert haben und das auch nicht brauchen, doch sind das wirklich Ausnahmen.

Der wichtigste Indikator ist der »Ruf« des Mediums: Was erzählen die Menschen über ihn oder sie? Sicher gibt es auch über das beste Medium der Welt kritische Stimmen oder einige

Klienten, die eine Sitzung nicht gut fanden. Doch wenn man viel Schlechtes über ein Medium hört, würde ich die Finger davon lassen. Gute Medien brauchen kaum Werbung; auch muss man dort mit einer langen Wartezeit rechnen. Etliche gute und seriöse Medien arbeiten mit Geld-zurück-Garantie, und das finde ich persönlich sehr sympathisch, ich handhabe das auch so. Doch möchte ich zugleich klar sagen, dass ich dafür bin, dass ein Medium seinen eigenen Wert kennt und einen Ausgleich in Form von Geld für seine Arbeit verlangt.

Der allerbeste Indikator ist das eigene Bauchgefühl. Wenn du bei einem Medium einen Termin hast – egal wie lange du gewartet hast – und dich dann dort nicht wohlfühlst, fang die Sitzung gar nicht erst an. Auch wenn dir die Praxis, das Medium selbst oder seine Arbeitsweise Angst machen, verlasse die Beratung.

Viele Vorurteile stimmen nicht. Oft sind Klienten überrascht, dass meine Praxis ganz hell ist und die Sitzung nicht irgendwo in einem dunklen Kämmerchen stattfindet. Wenn man mit Verstorbenen in Kontakt tritt, braucht man dazu keine dunklen Räume, magischen Kerzen, Räucherwerk oder sonstigen speziellen Dinge. Natürlich brennt auch bei mir mal eine Kerze, gerade im Winter, oder ich arbeite auch mal mit Düften. Doch ist das nicht entscheidend dafür, ob ein Kontakt ins Jenseits hergestellt werden kann oder nicht. Du musst dich bei einem Medium wohlfühlen. Wie es dann arbeitet, ist unterschiedlich. Ich persönlich brauche keine Hilfsmittel, ich kann einfach so die Verbindung zur Geistigen Welt aufnehmen. Das Einzige, was ich wissen muss, ist, mit wem jemand Kontakt möchte, falls er eine bestimmte Person wünscht. Es gibt aber Kollegen, die die Hand des Klienten halten und so die Verbindung herstellen oder die einen Gegenstand des Verstorbenen oder des Klienten wünschen und die darüber in Kontakt gehen. Bei all diesen Praktiken ist nichts Mystisches oder Außergewöhnliches dabei.

Sollte ein Medium ungewöhnliche Dinge praktizieren, sei vorsichtig. Wenn dir etwas eigenartig vorkommt, frag einfach nach, warum das Medium dies oder jenes tut. Wenn es keine »billige« Show abzieht, kann es genau erklären, warum dies oder jenes hilfreich ist. Vielleicht gibt es Medien, die einen abgedunkelten Raum brauchen, doch dann brauchen sie das für sich persönlich und nicht, weil es prinzipiell in einem hellen Raum nicht ginge. Eine Freundin hat zum Beispiel bei Trance-Heilbehandlungen gern einen abgedunkelten Raum, damit sie sich selbst besser entspannen kann. Doch auf den Heilerfolg hat dies keinen Einfluss, es ist eine persönliche Vorliebe.

Zum Schluss hierzu: Nicht jedes Medium ist für jeden Klienten das richtige. Für die einen bin ich gut, und für die anderen bin ich das falsche Medium oder nicht gut beziehungsweise stimmig. Bei mir ist eine Beratung sehr sachlich; ich versuche, das Ganze so normal wie möglich zu gestalten. Auch meine Aussagen will ich immer so klar und deutlich wie möglich formulieren. Für gewisse Klienten ist das zu steril, ihnen fehlt das Mystische oder das Außergewöhnliche. Für die bin ich dann kein guter Botschafter: Auch wenn meine Arbeit vielleicht gut ist, ist es nicht die richtige für diese Klienten. Als Medium zieht man natürlich auch die Klienten an, die zu einem selbst oder zur Arbeitsweise passen. Ich weiß, dass es zwar sehr viele Scharlatane gibt, doch wir dürfen uns auch bewusst machen, dass es sehr viele wirklich tolle und seriöse Medien gibt.

Nur weil ein Medium ein Buch geschrieben hat, heißt das übrigens noch lange nicht, dass es das einzige seriöse Medium ist. Ein Buch zu schreiben ist überhaupt kein Indiz für Seriosität. Geh immer kritisch, aber offen zu einer Sitzung. Dann wirst du sofort erkennen, ob du in guten Händen bist. Bedenke aber: Ein Medium ist auch nur ein Mensch, und nicht immer ist es möglich, einen klaren Kontakt zu einem Verstorbenen herzustellen. Es gibt viele Faktoren, die eine Sitzung positiv oder negativ beeinflussen können. Als Erstes sollte man nur zu einem Medium gehen, wenn es wirklich etwas zu klären gibt oder wenn eine Trauer einfach nicht anders verarbeitet werden kann. Wenn es nichts zu klären gibt, kann ein Medium auch nicht viel machen. Das ist, wie wenn man bei bester Gesundheit zum Arzt geht. Klar kann ein Medium auch einen Kontakt herstellen, wenn hinter einem Verlust keine tragische Geschichte steht oder wenn keine Trauer da ist. Aber man kann dann nicht erwarten, dass während der Sitzung unglaubliche Dinge passieren oder dass Botschaften kommen, die das Leben verändern.

Wichtig ist, pünktlich zum vereinbarten Termin zu kommen. Bei mir dauert eine Sitzung derzeit dreißig Minuten; wenn jemand zehn Minuten zu spät kommt, müsste ich in zwanzig Minuten das erreichen, was ich sonst in dreißig Minuten mache, und das bedeutet Stress für mich. Auch der Klient ist dann enorm unter Druck, und ein ruhiges Arbeiten ist kaum noch möglich.

Geh immer offen und freudig zu einer Sitzung; wenn man überkritisch ist und gar falsche Angaben macht, sollte man sich nicht wundern, wenn eine Sitzung nicht funktioniert. Ich hatte beispielsweise einmal eine Dame bei mir, die nicht erkannt werden wollte und mir nicht die richtigen Daten gab. Ich konnte zwar einen Kontakt herstellen, doch immer wieder hatte ich das Gefühl, dass mit dem Namen der Frau etwas nicht stimmte. Ständig bekam ich das Gefühl, dass mich die Klientin anlog. Erst als ich sie direkt darauf ansprach, sagte sie mir, dass sie mir einen falschen Namen gegeben hatte. Als wir das korrigiert hatten, war auch mein Gefühl richtig und die Sitzung funktionierte. Nicht immer merke ich, dass jemand schwindelt. Das ist ja schließlich auch nicht meine Aufgabe. Doch Unwahrheit kann eine starke Behinderung für eine gute Sitzung darstellen.

Die meisten Klienten sind nervös, zum Teil auch ängstlich. Damit sollte ein professionelles Medium problemlos umgehen können. Mach aber nicht den Fehler und trinke vor der Sitzung zur Beruhigung viel Alkohol und nimm auch keine starken Medikamente ein. Ich habe schon mal erlebt, dass ein Herr total betrunken in eine Sitzung kam, weil er so nervös war und sich auf diese Weise beruhigen wollte. Leider war er zu stark alkoholisiert, sodass ich ihm beim besten Willen keine Sitzung geben konnte. Er hat erst mal im Wartezimmer seinen Rausch ausgeschlafen und kam dann am nächsten Tag wieder, weil da zum Glück noch ein Termin frei war.

Bei mir in den Lesungen kann man wählen, mit welchem Verstorbenen man Kontakt möchte. Es gibt Kollegen, bei denen dies nicht möglich ist. Ich konnte das früher auch nicht; dann kommt einfach der Verstorbene durch, der eine Nachricht für den Klienten hat. Bitte sei offen für alle Verstorbenen, die zu dir sprechen möchten. Komm nicht mit der Erwartung, dass sich eine bestimmte Person melden müsste. Das ist einfach nicht immer möglich.

Doch jeden Verstorbenen, der durchkommt, musst du gekannt haben, sonst macht ein Jenseitskontakt keinen Sinn. Und wenn eine gewünschte Person nicht durchkommt, heißt das nicht, dass dieser Verstorbene nicht mit dir in Kontakt treten möchte, sondern dass das Medium ihn vielleicht nicht wahrnehmen kann. Oder dass es nichts zu klären gibt. Oder dass einfach der Zeitpunkt nicht stimmt.

Natürlich gibt es auch Tage, an denen es mir nicht gut geht oder an denen ich einfach keinen Kontakt herstellen kann. Da liegt es dann weder am Klienten noch am Verstorbenen, sondern ich bin dann das Problem. Wie schon geschrieben: Medien sind auch nur Menschen. Deswegen sollte ein Medium auch sehr auf sich und seine Gesundheit achten. Nur wenn es mir als Medium einwandfrei gut geht, kann ich einwandfreie Kontakte geben. Das ist sehr wichtig.

Bedenke immer: Ein gutes Medium hat dasselbe Ziel wie du! Es ist nicht dein Feind, es möchte, dass Heilung stattfindet und dass ein guter Kontakt zum Jenseits für dich möglich ist. Deswegen kannst du freundlich und respektvoll sein, das ist schon mal eine gute Basis für eine geglückte Jenseitslesung. Das Gleiche gilt natürlich umgekehrt auch für Medien: Ein respektvoller, freundlicher Umgang mit den Klienten ist nicht nur von Vorteil, sondern zwingend notwendig!

Der Aufbau der Geistigen Welt

Zu diesem Thema werde ich oft befragt, finde es persönlich aber gar nicht so wichtig. Manches habe ich in anderen Büchern schon beschrieben, doch möchte ich einige kurze Bemerkungen dazu auch hier machen, weil das neuen Lesern helfen kann, manches besser zu verstehen. So wie ich es wahrnehme, gibt es keine Ebenen oder verschiedenen Dimensionen im klassischen Sinne, wie es gewisse Kollegen erzählen. Ich habe meinen Geistführer gefragt, warum andere Medien dies so wahrnehmen, und er hat es mir so erklärt: »Das menschliche Gehirn braucht Strukturen, ihr wollt alles irgendwie einordnen können. Genau so wollt ihr die Geistige Welt einordnen. Also unterteilt ihr sie in Ebenen und Dimensionen. Doch in Wirklichkeit gibt es hier weder Zeit noch Raum. Und wenn Zeit und Raum nicht existieren, dann kann es auch weder Ebenen noch Dimensionen geben, jedenfalls nicht so, wie ihr sie versteht. Für euer Verständnis braucht oder wollt ihr oft eine Einteilung, darum gibt es Geistwesen, die versuchen, euch unsere Welt, die für euch total unlogisch ist, in einer gewissen Logik zu erklären. Sie entspricht aber nicht wirklich dem, wie unsere Welt ist.

Ihr unterteilt auch unsere Welt in Gut und Böse, in niedere und höhere Ebenen. Doch in der Geistigen Welt gibt es kein Größer und Besser, sondern jedes Wesen hat seine Aufgabe und ist wichtig. Genau wie jeder Mensch wichtig ist und eine Aufgabe hat, auch wenn er diese vielleicht nicht bewusst kennt. Wir unterteilen nicht, für uns existiert alles zur selben

Zeit, am selben Ort. Aus unserer Sicht gibt es nicht diverse Orte oder Zeiten, sondern alles findet im Hier und Jetzt statt. Mit dem menschlichen Verstand kann man das nicht verstehen, man kann zwar die Worte hören, doch richtig verstehen kann man es nicht. Deswegen macht ihr die Unterteilungen.«

Zum klareren Verständnis möchte ich hier auch eine kleine Unterteilung der Wesen in der Geistigen Welt vorstellen. Mir ist wichtig, dass man dies nicht als qualitativ wertende Ordnung missversteht, sondern als Versuch, die verschiedenen Wesen und ihre Aufgaben zu differenzieren. Wichtig ist auch zu wissen, dass ich hier nur auf die »wichtigsten« Bewohner der Geistigen Welt eingehe, jedenfalls aus meiner Sicht für dieses Buch.

Als Erstes kommen die **Verstorbenen**. Jeder, der stirbt, geht in die Geistige Welt, lebt dort weiter und entwickelt sich dort weiter. Es gibt Verstorbene, die sich mehr um ihre eigene Entwicklung kümmern oder die, anders gesagt, für ihre eigene Entwicklung nicht unbedingt die Nähe von noch lebenden Personen brauchen. Dann gibt es Verstorbene, die sehr nah bei uns Menschen sind. Das ist auch ein bisschen eine Charaktersache. Wenn zum Beispiel eine Mutter stirbt, die sich ständig um ihre Liebsten in der Familie gekümmert hat, wird sie dies auch noch machen wollen, wenn sie bereits gestorben ist. Solche Verstorbene sind sehr oft um die noch lebenden Angehörigen herum und versuchen, ihnen über ihren Tod hinaus zu helfen. Diese Verstorbenen nenne ich Geisthelfer, doch sie sind von der Qualität her nicht höher oder besser als jene Verstorbenen, die nicht ständig um die Angehörigen herum sind. Sie haben einfach einen anderen Weg für ihre persönliche Ent-

70

wicklung. Ein Teil der Verstorbenen schaut nur ab und an mal vorbei, und gewisse Verstorbene sind sehr oft bei uns auf Besuch. Doch auch wenn ein Verstorbener selten bei uns ist, heißt dies nicht, dass er uns vergessen oder uns nicht lieb hätte, sondern einfach, dass er für seine persönliche Entwicklung einen anderen Weg braucht. Doch wir können beruhigt sein: Jeder Verstorbene ist ab und zu bei uns und schaut, wie es uns geht. Wir dürfen uns immer wieder daran erinnern: Es gibt keine räumliche und zeitliche Trennung in der Geistigen Welt.

Dann gibt es die **Geistführer**. Jeder Mensch hat einen Hauptführer. Ihn könnte man einen besten Freund nennen. Er ist für unsere spirituelle Entwicklung zuständig. Die Geistführer darf man nicht mit dem Schutzengel verwechseln, denn der Schutzengel war nie auf der Erde inkarniert, Geistführer waren aber schon einige Male in einem Körper und kennen daher die Vor- und Nachteile des Lebens hier.

Ein Geistführer ist aber nie eine Person, die wir im Leben kennengelernt haben. Ein verstorbener Opa kann nicht der Geistführer seines Enkels sein, höchstens ein Geisthelfer. Die Geistführer sind sehr hoch entwickelte Wesen, die das Rad der Wiedergeburt durchbrochen haben. Ihre Aufgabe ist es, den Menschen zu helfen und sie in ihrem Lebensplan zu unterstützen.

Neben den Hauptgeistführern haben wir immer auch andere Geistführer, die uns und unseren Hauptführer unterstützen. Diese können aber im Laufe unseres Lebens wechseln und nur für kurze Zeit bei uns sein. Der Hauptführer bleibt immer bei uns, auch wenn er nicht immer im Vordergrund steht, sondern vielleicht andere Geistführer mehr spürbar sind, die unseren Hauptführer unterstützen.

Zum besseren Verständnis: Mein Hauptführer ist der Große Bär, aber ich kann mich nicht erinnern, ihn als Kind oder Jugendlicher jemals gesehen oder in bewusstem Kontakt mit ihm gestanden zu haben. Ich hatte Hanspi und dann noch Zoey. Die Aufgabe von Zoey war es, mich auf den spirituellen Weg zu bringen und auf meine Arbeit als Medium vorzubereiten. Als er seine Aufgabe erledigt hatte, hat er mich verlassen. Nur ganz selten schaut Zoey bei mir noch vorbei. Erst mit Anfang zwanzig lernte ich meinen Hauptführer kennen, weil ich erst dann bereit für diese Begegnung war.

In der Geistigen Welt gibt es weiterhin die Engel, die nie inkarniert haben, die uns aber mit ihrer Liebe unterstützen. Für mich sind Engel und Geistführer fast identisch – eben mit dem Unterschied, dass ein Engel nie einen Körper hatte und auch nie auf der Erde gelebt hat. Der Schutzengel ist wohl der bekannteste Engel. Er ist *nicht* dafür zuständig, uns zu beschützen, sondern er hilft dabei, dass wir immer auf unserem Lebensweg bleiben. Er überprüft unseren Lebensplan, den Plan, den wir beschlossen haben zu erfüllen, bevor wir auf die Erde gekommen sind. Wenn wir von unserer Berufung abweichen, ist es seine Aufgabe, uns gemeinsam mit den Geistführern wieder auf unseren Weg zu führen. Das ist gar nicht immer so einfach, denn wir haben den freien Willen und unterliegen nicht dem Schicksal, sondern können unser Leben in die eigenen Hände nehmen. Der Schutzengel lässt aber angenehme Situationen in unser Leben treten, damit wir merken, wenn wir unserem Lebensweg folgen, und unangenehme Dinge, um uns zu zeigen, dass wir den Weg verlassen haben.

Immer wenn wir mit unserem Plan stimmig sind, geht es uns gut und wir sind im Fluss. Wenn es harzig wird, wenn wir leiden, krank sind oder Kummer haben, sind das Anzeichen dafür, dass wir unseren geplanten Weg verlassen haben. Das heißt jedoch nicht, dass es nicht auch zu unserem Plan gehören kann, Schicksalsschläge zu erleiden. Doch wenn wir dabei noch immer in Übereinstimmung mit dem Lebensplan sind, können wir mit schwierigen Momenten viel besser umgehen. Dann bringen uns Tiefschläge nicht von unserem Weg ab.

Neben dem Schutzengel gibt es noch die Erzengel, die nicht für einzelne Menschen bestimmt sind, sondern für ganze Gruppen. So ist zum Beispiel Erzengel Raphael nicht für meine persönliche Gesundheit zuständig, wie dies vielleicht ein Geistführer ist, sondern für eine ganze Nation. Das heißt aber nicht, dass man nicht die einzelnen Erzengel um Hilfe oder Rat bitten kann, denn die Energie der Erzengel ist enorm stark, und uns wird immer geholfen werden – manchmal, indem die Erzengel einen Geistführer oder einen Engel schicken, der uns in ihrem Auftrag dann hier unterstützt. Ein Erzengel ist jedoch nie ein persönlicher Helfer.

Natürlich gibt es in der Geistigen Welt noch Elfen, Zwerge, Aufgestiegene Meister, Lichtwesen und andere liebevolle Wesenheiten, die uns unterstützen. Doch mit ihnen stehe ich nicht in intensiver Verbindung und kann deshalb auch nicht näher auf sie eingehen.

Noch eine Anmerkung zum Schluss: Für mich persönlich gibt es auch Gott, egal, welchen Namen man ihm gibt oder wie man ihn beschreiben möchte. Ich denke, Worte reichen nicht aus, um Gott zu erklären, deswegen versuche ich das hier auch nicht. Doch ist mir wichtig, ihn an dieser Stelle zumindest zu erwähnen.

Viele fragen sich jetzt auch: »Warum lese ich hier nur von positiven Wesen, wo sind die Dämonen und luziferischen Gestalten?« Ich möchte nur kurz darauf eingehen: Mir ist *noch nie* ein böser Geist oder ein Dämon begegnet. Ich glaube auch nicht daran und habe bis jetzt einfach noch nie etwas in dieser Richtung wahrgenommen. Das heißt nicht, dass ich nicht auch schon Dinge erfahren hätte, die mir im ersten Moment Angst gemacht haben oder mich haben erschauern lassen. Doch wenn ich das überprüft habe, war niemals ein böser Geist oder ein Dämon im Spiel. Meistens handelte es sich um etwas ganz Natürliches und Harmloses, das falsch interpretiert wurde. Man darf auch nicht vergessen, dass Hollywood und gewisse Medien mit Dämonengeschichten und Besetzungsstorys viel Geld verdienen. Angst ist eben leider ein probates Mittel, um den Menschen das Geld aus der Tasche zu ziehen. Im folgenden Kapitel möchte ich noch etwas näher auf Licht und Schatten in Bezug auf die Geistige Welt eingehen.

Die Geistige Welt:
ein lichtvoller Ort oder doch eine Art Hölle?

Für mich ist dies eines der wichtigsten Kapitel. Auch wenn ich in anderen Büchern schon darüber geschrieben habe, möchte ich hier nochmals auf das Thema eingehen. Ich werde dabei auch einige Dinge aufzeigen, die ich so noch nicht erklärt habe, einfach weil ich immer wieder merke, wie viel Angst die Menschen vor dem Sterben haben: Weil sie denken, sie könnten in die Hölle kommen oder anderweitig bestraft werden.

Ich persönlich habe noch nie einen Verstorbenen gesehen, der in die Hölle kam oder irgendwie bestraft wurde! Noch nie! Auch andere Medien sagen das so. Trotzdem hält sich diese Ansicht hartnäckig. Nicht nur Religionen prägen solche Vorstellungen und Bilder, sondern auch in der New-Age-, der spirituellen und der Esoterikbewegung wird viel von Licht und Schatten gesprochen. Wie kam es dazu? Wie entstand die »Hölle«? Es ist ein von Religionen geprägtes Bild, das bei uns in Europa vor allem von den Kirchen propagiert wurde. Es wurde von Menschen erfunden!

Die Institution Kirche erschuf Bilder vom Jüngsten Gericht und von Himmel und Hölle! Damit konnte man die Menschen leicht manipulieren, denn sie wussten: Wenn sie jetzt nicht gehorchten, dann würden sie spätestens nach dem Tod dafür bestraft werden. Mit Angst kann man Menschen beeinflussen und in die gewünschten Bahnen lenken. Menschen, die keine Angst vor dem Tod haben, die nicht an eine Bestrafung im Jenseits glauben, kann man nur schwer manipulieren.

Für mich aber liegt hier ein offensichtlicher Widerspruch vor: Lehrt uns die Kirche nicht, dass Gott unser Vater ist, bedingungslose Liebe? Und bestraft jemand einen anderen, wenn er bedingungslos liebt? Oder schickt er ihn gar in die Hölle? Für mich macht das keinen Sinn! Es geht mir nicht darum, Kirche oder Religion anzugreifen. Auch in der Esoterikszene gibt es viele Medien, die die Menschen mit Angst beeinflussen! Die zum Beispiel sagen, ein Verstorbener sei nicht im Licht oder man hätte eine Besetzung von einem bösen Geist. Spannend ist, dass all diese Institutionen und Medien für Geld oder Leistung Befreiung von solchen Übeln verheißen. In der Kirche durch Sündenablass oder durch Gebete, in der Esoterik, indem man dem Medium mehr bezahlt – und dafür schickt es die Seele, die noch nicht im Licht ist, dann in ihr Heil.

Macht das Sinn? Gibt es einen Gott, der bestechlich ist? Der auf seiner Wolke sitzt und »böse« Leute erst dann in den Himmel eintreten lässt, weil sie Sündenablass bezahlt haben? Oder noch schlimmer: Nehmen wir an, Gott würde beschließen, dass XY nicht ins Licht gehen darf, sondern in einer »Zwischenwelt« bleibt. Doch ein Hinterbliebener geht zu einem Medium, und dieses Medium führt ein Ritual durch – und nun darf derjenige doch ins Licht. Das würde ja bedeuten, dass dieses Medium mehr zu sagen hat als Gott! Macht das Sinn? Für mich nicht!

Ich glaube, dass die ganze Welt, ja sogar die ganze Existenz, von kosmischen Gesetzen gelenkt wird. Ich glaube an eine Göttliche Energie und bin absolut davon überzeugt, dass die göttliche Energie sich weder bestechen noch austricksen lässt.

Auch würde für mich ein rachsüchtiger, bestechlicher und strafender Gott keinen Sinn ergeben! Gott ist Liebe. Davon bin ich überzeugt, weil ich durch all die Kontakte ins Jenseits nie etwas anderes gesehen oder erlebt habe. Ich halte mich an das, was ich erfahre, und das gebe ich weiter, auch wenn ich weiß, dass ich damit nicht nur auf Gegenliebe stoße.

Ich möchte aber auch sagen, dass die heutige Kirche, so wie ich sie oft kennengelernt habe, nicht mehr das Bild von Hölle und Jüngstem Gericht vermittelt, so wie es früher geschah. Es geht mir auch deswegen nicht darum, Kirche, Religion oder spirituelle Bewegungen schlechtzumachen, ich möchte aufzeigen, dass wir keine Angst vor dem Tod haben müssen, dass es niemanden gibt, der uns bestrafen wird, und wir keine Angst vor einer Zwischenwelt oder gar vor einer Hölle haben müssen.

Ich möchte noch ein bisschen genauer in die Bibel schauen und erklären, wie und was ich diesbezüglich hellsichtig wahrnehme. Wenn wir in der Bibel lesen, was Jesus oder Paulus oder andere Christen der »ersten Stunde« erzählen, merken wir sehr schnell, dass sie nie die Hölle als einen Furcht einflößenden Ort beschrieben haben, wie es später die Priester, vor allem im Mittelalter, taten. Für Jesus und die Christen der Antike war die »Hölle« nicht viel mehr als eine unangenehme Zwischenstation. Doch diese hatte nichts mit ewiger Verdammnis oder gar sadistischer Folter zu tun, sondern diente lediglich dazu herauszufinden, wie die Qualität einer Seele ist.

Wenn Jesus oder Paulus von der Hölle sprachen, meinten sie die Zwischenstation, in der die Seele ihr ganzes Leben nochmals Revue passieren lässt. Das ist auch das, was ich wahrnehme und was mir in meinen Jenseitskontakten erzählt wird. Jeder Verstorbene berichtet von dieser Zwischenwelt. Ich persönlich finde das Wort »Zwischenwelt« grauenhaft, weil es etwas Schlimmes oder Furchterregendes nahelegt. Ich nenne es lieber »Anpassungsphase« und das, was ich dazu wahrnehme, stimmt mit den ursprünglichen Bibeltexten überein. Wenn eine Seele stirbt, findet ein Moment der Anpassung an die neue Umgebung, die Geistige Welt statt.

Die Seele muss erst lernen, ohne Körper zurechtzukommen. Während dieser Zeit schaut jeder Verstorbene zudem seinen Lebensfilm an. Dort wird er sehen, was er Gutes getan hat und was in seinem Leben nicht so gut war. Doch dieser Film dient nicht der Bestrafung, durch ihn kann die Seele eigene Erkenntnisse gewinnen. Sie sieht, was sie in ihrem Leben lernen konnte und was sie noch nicht gelernt hat. Außerdem sieht sie auch, wen sie vielleicht verletzt hat und was aus diesem anderen geworden ist.

Durch diesen Lebensfilm kommt es also zu Selbsterkenntnis. Noch keine Seele hat mir davon berichtet, dass das grauenhaft gewesen wäre. Der Film wird so dosiert, dass jeder die Informationen verarbeiten und daraus lernen kann. Natürlich kann es sein, dass dieser Film für einen Menschen, der vielleicht ein nicht so anständiges Leben geführt hat, nicht gerade schön ist, und dass diese deprimierenden Einsichten sehr wohl auch als eine Art Hölle im übertragenen Sinne empfunden werden können. Aber die Seele wird nur mit sich selbst und ihrem Leben konfrontiert, nicht jedoch bestraft. Es ist niemand da, der über sie richtet. Es findet eine Art Läuterung statt, eben durch das Ansehen dieses Filmes. Wenn die Seele das sieht, erkennt sie auch die nächsten Lernschritte, die sie nun in der Geistigen

Welt machen darf oder muss, denn auch dort ist unser Lern-prozess nicht zu Ende. Was wir auf der Erde nicht erledigen konnten, gehen wir nun auf eine andere Art in der Geistigen Welt an. Dazu brauchen wir aber die Anpassungsphase, sonst wüssten wir die nächsten Schritte nicht. Diese Phase ist des-halb etwas sehr Positives.

Menschen, die eine Nahtoderfahrung hatten, berichten oft von diesem Lebensfilm. Noch nie hat jemand jedoch von der Hölle oder von Bestrafung geredet. Man könnte diese An-passungsphase durchaus als Zwischenwelt bezeichnen, doch jeder – und zwar wirklich jeder – findet auch wieder dort heraus und muss nicht mit einer ewigen Verdammnis rechnen. Wie lange jemand in der Anpassungsphase bleibt, ist aller-dings sehr unterschiedlich. In der Geistigen Welt gibt es keine Zeit, und so ist das individuelle Zeitempfinden relativ.

Ich als Medium kann auch mit Verstorbenen Kontakt auf-nehmen, die gerade in dieser Anpassungsphase sind, und ich habe bei solchen Verstorbenen noch nie seelisches Leiden be-obachtet. Es ist für mich wohl ein bisschen schwieriger, mit ihnen zu kommunizieren, doch eher deshalb, weil die Seele noch sehr stark mit sich selbst beschäftigt ist.

Immer wieder werde ich gefragt, was denn mit den »bösen« Menschen nach dem Tod passiert. Wenn ich dann sage, dass die an denselben Ort kommen wie die »guten«, dann können das viele nicht verstehen. Ich hatte am Anfang auch Mühe da-mit, dass alle an denselben Ort kommen, dass man sich quasi das Himmelreich nicht mit »Gutsein« erkaufen kann. Doch es gibt schon Unterschiede, und die kommen durch das Erleben unseres Lebensfilms in der Anpassungsphase zum Ausdruck.

Wenn du viel Gutes getan hast, wirst du einen schönen Film mit schönen Emotionen erleben. War dies nicht ganz so der Fall, wird der Film eben weniger schön sein.

Doch wir müssen auch wissen, dass viele Menschen Schlechtes tun, weil sie ihr ganzes Leben lang missbraucht oder schlecht behandelt wurden und nicht, weil sie von Grund auf schlecht wären. Vielfach macht uns das Umfeld zu einem guten oder einem schlechten Menschen. Diese Erkenntnis können wir auch aus dem Lebensfilm ziehen. Wichtig ist zu erkennen, dass dieser Film keine Strafe darstellt, sondern er der Seele zu erkennen hilft, warum sie dies oder jenes gemacht hat. So kann sie sich weiterentwickeln und auf dem Weg der Bewusstwerdung ein gutes Stück vorankommen.

Auch müssen wir begreifen lernen, dass es schwer ist, aus menschlicher Sicht zu beurteilen, was gut und was schlecht ist. Der Mensch findet nämlich oft das schlecht, was er nicht gewohnt ist oder persönlich als abartig empfindet. Das ist immer eine sehr persönliche und häufig auch eine kulturell bedingte Angelegenheit. Auch die Zeit, in der wir leben, spielt eine Rolle dabei, ob wir etwas als gut oder nicht gut empfinden. Es gab Zeiten, da war es gut, den Göttern Menschen zu opfern, man wollte unter Umständen sogar gern das Opfer sein. Es gibt Länder und Kulturen, da ist es eine Delikatesse, Hunde und Katzen zu essen; für uns ist das abartig. Doch ist es nicht überhaupt merkwürdig, ein Tier zu töten? In Kriegen kann es als normal betrachtet werden, den Gegner zu töten. Erst viele Jahre später bezeichnet man es dann als Gräueltat. Früher war es normal, dass Kinder arbeiteten, heute ist es meist verboten. Diese Liste an Beispielen könnte man noch beliebig weiterführen; ich glaube, du weißt, worauf ich hinauswill.

Gut und böse sind eine wandelbare Sache. Wir empfinden die Menschen als böse, die nicht das tun, was wir wünschen oder was wir tun würden. Ich als Medium muss immer sehr neutral sein, wenn ich Jenseitskontakte gebe. Das ist manchmal wirklich sehr schwer, doch meine persönliche Meinung darf keine Rolle spielen, sonst würde ich die Informationen verfälschen, und das darf ja nicht passieren.

Es ist oft so, dass sich Verstorbene durch mich bei den Hinterbliebenen entschuldigen, und manchmal fällt es mir schwer, die Worte der Entschuldigung auszusprechen, weil ich die Taten, um die es geht, einfach abscheulich finde. Heute kann ich besser damit umgehen, doch es gab Zeiten, da war es wirklich schlimm. Ein Beispiel, das mir in Erinnerung geblieben ist, möchte ich hier erzählen, da ich daran unglaublich viel über das Urteilen oder Verurteilen gelernt habe. Am Anfang war es eine ganz normale Sitzung einer Frau, die einen Kontakt zu einem Verstorbenen wollte. Martina, so will ich sie hier nennen, war extrem nervös. Ich erklärte ihr erst einmal, wie die Sitzung abläuft, auch um sie ein bisschen zu beruhigen. Während ich noch so redete, sah ich ganz klar ihren Vater in der Geistigen Welt. Er sagte sofort: »Sag meiner Tochter, dass es mir leidtut.«

Ich sagte: »Martina, ich nehme deinen Vater aus der Geistigen Welt wahr, kannst du verstehen, dass er sich bei dir entschuldigen möchte?«

Sie konnte es verstehen. Ich wollte vom Vater wissen, warum er sich entschuldigen will, doch ich nahm keine Bilder dazu wahr. Ich sah nur, wie der Vater sehr viel Alkohol trank und sich am Schluss das Leben nahm, indem er sich erhängte. Das alles konnte Martina bestätigen.

Er gab mir auf einmal das Gefühl, als ob er sich auch bei Martinas Mutter entschuldigen wollte und zeigte mir dabei einen Blumenstrauß. Das ist für mich immer ein Symbol, dass jemand Geburtstag haben muss. Ich sagte: »Dein Vater möchte sich auch bei deiner Mutter entschuldigen, und er gratuliert ihr zum Geburtstag, sie muss in diesen Tagen Geburtstag haben!«

Da begann Martina zu weinen und sagte: »Ja, heute! Ich werde es ihr ausrichten!«

Ich wollte vom Vater wissen, warum er hier ist und wofür er sich entschuldigen möchte. Was ich dann sah, war grauenhaft, und ich werde es hier auch nicht alles aufschreiben. Er wollte sich bei der Tochter für jahrelangen Missbrauch entschuldigen. Die Bilder, die er mir zeigte, waren für mich kaum auszuhalten, und ich konnte mich wirklich nur mit Mühe und Not dazu überwinden, die entschuldigenden Worte an die Tochter zu übermitteln. Ich kam total an meine Grenzen, weil ich diesen Mann so abartig fand, dass ich mich am liebsten verweigert und seine Worte nicht weitergegeben hätte.

Nach dieser Sitzung sagte ich zu meinem Geistführer: »Ich will so etwas nie wieder erleben! Schickt mir keine solchen Verstorbenen mehr! Ich kann das nicht, es ist grauenhaft.«

Mein Geistführer sagte nur: »Pascal, bitte, dürfen wir dir nur noch einmal diese Aufgabe geben, und dann kannst du selbst entscheiden.«

Ich wollte zuerst nichts davon wissen, doch mein Geistführer meinte, dass ich etwas Wichtiges dabei lernen würde. Ich willigte ein, aber es dauerte eine Zeit. Ein paar Tage später hatte ich wieder eine Dame bei mir in der Sitzung und dachte an nichts Böses. Ich fragte sie, mit wem sie in Kontakt treten möchte. Sie wollte ihren Vater; ich konnte ihn wahrnehmen und begann ihn zu beschreiben: »Ihr Vater hatte ein sehr gepflegtes Äußeres, und er galt als sehr höflich und nett. Er wohnte auf dem Land in einem Haus. Können Sie das verstehen?«

Sie konnte diese Informationen gut annehmen. Der Vater war sehr höflich zu mir, und als ich ihn fragte, warum er da war, meinte er, ich sollte seiner Tochter sagen: »Du sollst wissen, dass deine Mutter nichts dafür kann; sie konnte es einfach nicht glauben, dass ich dich missbraucht habe! Niemand konnte das glauben, weil ich ein guter Schauspieler bin!«

Ich war mir nicht ganz sicher, ob ich ihn richtig verstanden hatte, denn er machte für mich überhaupt nicht den Eindruck wie ein Vater, der seine Tochter missbrauchte. Ich fühlte wieder die Wut aufsteigen, als er wollte, dass ich ihn bei der Tochter entschuldige. Vor allem ging es hier nicht nur um den an sich schon sehr schlimmen Missbrauch, sondern darum, dass die Tochter von der ganzen Familie ausgestoßen wurde, weil ihr niemand glaubte, dass der Vater dies getan hatte. Die ganze Familie hielt sie für eine Lügnerin. Dies machte meine Wut auf den Vater noch größer. Ich war so aufgeregt, dass ich am liebsten die Sitzung abgebrochen hätte. Mein Geistführer meldete sich und sagte: »Dürfen wir dir etwas zeigen?«

Ich dachte: Nur wenn es sein muss!

Auf einmal durfte ich den ganzen Lebensfilm von dem Vater aus Sicht der Geistigen Welt anschauen, mit allen wichtigen Stationen. Denselben Film, den er sich beim Sterben angeschaut hatte. Was ich da sah, war grausam. Ich sah ihn als kleines Kind, wie er vom eigenen Vater und vom Onkel missbraucht wurde. Wie sie glühende Zigaretten auf seinem Körper ausgedrückt haben und ihn zu sexuellen Handlungen zwangen. Es war grauenvoll! Mir wurde gezeigt, wie eine Kinderseele kaputtgemacht wurde, und wie dieses Kind begann, sich wie ein Schauspieler eine Rolle anzueignen, bei der es von allen geliebt wurde und mit der es auch die Geschehnisse der Kindheit überspielen und verbergen konnte. Doch ich fühlte, wie leer und leblos die Seele war.

Der Vater musste den Missbrauch etwa fünf Jahre aushalten. Seine eigene Mutter wusste davon, aber fühlte sich zu ohnmächtig, um etwas dagegen zu unternehmen. Ich konnte die Taten des späteren Vaters nun besser verstehen. Ich kann heute nachvollziehen, dass ein Mensch total zerstört ist und selbst zum Täter werden kann, wenn er so gequält wird und das erleiden musste, was dieser Vater erlebt hatte. Auch mit diesem Wissen kann und darf man Übergriffe nicht entschuldigen! Aber vielleicht kann man sie besser verstehen. Heute bin ich ein relativ neutraler Vermittler zwischen der Geistigen Welt und einem Klienten. Einfach weil ich weiß, dass sowohl Opfer als auch Täter meistens eine ähnlich schreckliche Vergangenheit haben und dass in vielen Fällen durch meine Arbeit Heilung geschehen darf. Der Vater in diesem Beispiel sagte dann noch, dass seine Tochter mit seiner Mutter darüber reden sollte, die zu der Zeit noch lebte, und dass sie ihm seine Geschichte bestätigen würde.

Für mich war diese Sitzung extrem lehrreich, doch ich merkte auch, wie wichtig und zugleich heikel meine Arbeit sein kann. Gerade bei Missbrauch oder anderen Vorwürfen muss man als Medium sehr verantwortungsvoll sein, um nicht noch mehr kaputtzumachen. Es geht mir schließlich darum, auch in solchen Fällen Heilung in eine Beziehung zu bringen.

Ein paar Wochen später rief die Frau in meinem Büro an und teilte Folgendes mit: »Ich ging ein paar Tage später zu meiner Großmutter und hörte mit ihr die CD an. Sie begann zu weinen und bestätigte alles, was mein Vater aus seiner Kindheit erzählt hat. Meine Großmutter sprach mit meiner Familie, und wir finden uns alle langsam wieder. Meine Familie weiß jetzt, dass ich die Geschichte nicht erfunden habe, und dafür bin ich unglaublich dankbar. Ich habe meinem Vater vergeben können und Heilung erfahren, und ich habe durch die Sitzung meine Familie wieder zurückbekommen!«

Auch solche Verstorbenen wie dieser Vater haben mir nie gezeigt oder gesagt, dass sie in der Geistigen Welt bestraft wurden oder dass sie nicht an einem lichtvollen Ort sind. Wenn ich nachfragte, ob sie für ihre Taten bestraft wurden, bekam ich immer die ähnliche Antwort: »Nein, ich wurde nie bestraft, doch durch den Lebensfilm sah und fühlte ich, was ich anderen Menschen angetan habe. Das ist schon eine Art Strafe, aber nicht im üblichen Sinn. Denn das half mir, mich zu entwickeln, und ich lernte dabei, mir und meinen Mitmenschen zu verzeihen. Ich erlitt keine Strafe durch Dunkelheit oder Schmerz.«

Als ich meinen Geistführer fragte, ob es eine Zwischenwelt gibt und einen Ort, den man als Licht bezeichnen könnte, sagte er: »Es gibt kein Licht, es gibt keine Zwischenwelt. Weil es in der Geistigen Welt keinen Raum und keine Zeit gibt. Es gibt keinen Ort, an den ihr nach eurem Tod hingeht, da es keinen Tod gibt. Die Geistige Welt ist hier! Alles besteht aus Energie, du bestehst aus Energie, ja sogar dein Körper ist Energie. Der Tod ist kein Ende, sondern nur eine Veränderung der energetischen Form. Du, was du wirklich in deiner reinsten Form bist, wirst immer leben, in Ewigkeit. Der Schatten, die

Hölle, eine Zwischenwelt – all das sind Erfindungen von den Menschen. *der Kirche*

Vertraue doch all den Verstorbenen, mit denen du in Kontakt standest. Vertraue deiner Wahrnehmung! Auch wenn andere Menschen und Medien eine andere Wahrnehmung haben, bedenke, wie die Erziehung, der Glaube und die Religion sowohl den Menschen als auch das Medium prägen. Lass dich davon nicht beirren! Vertraue dir!«

Alles, was ich hier geschrieben habe, ist einfach das, was ich bis jetzt wahrgenommen habe. Ich bin davon überzeugt, dass wir nach dem Tod an einen schönen Ort kommen. Ich bin auch völlig davon überzeugt, dass es keine bösen Wesen, Dämonen oder schlechten Dinge in der Geistigen Welt gibt. Das ist vielfach nur eine persönliche Betrachtungsweise. Ich bin deshalb so klar davon überzeugt, weil ich noch nie etwas anderes gesehen habe. Ich habe schon viele Schauergeschichten gehört, doch bis jetzt konnte man sie immer auch ganz einfach erklären, und wenn man genau hinschaute, sah man, dass nichts Böses am Werk war. Es kommt immer auf die Betrachtungsweise an.

Eines Tages erhielt mein Büro beispielsweise einen Anruf von einer Mutter. Sie erzählte ganz aufgeregt, dass ihr Sohn nicht mehr schlafen konnte, weil er in der Nacht immer einen Mann am Bett stehen sah, vor dem er Angst hätte. Die Frau war überzeugt, dass es bei ihr zu Hause spukte und ein böser Geist am Werk sei. Da ich in der Nähe einen Vortrag hielt, wollte ich mir die Sache mal genauer anschauen und ging bei der Dame vorbei. Als ich dort ankam, spürte ich sofort, dass die Frau wirklich weder ein noch aus wusste und ziemlich gestresst war.

Der Sohn war drei Jahre alt und erzählte mir, so gut es ging, von dem Mann. Ich ging in das Schlafzimmer des Jungen und konnte auch sofort einen Verstorbenen wahrnehmen. Ich fragte ihn, wer er ist und warum er dem Jungen Angst machte. Er sagte: »Ich mache ihm nicht Angst! Ich bin sein Großvater, der Vater seiner Mutter. Ich starb vor drei Jahren, drei Tage vor der Geburt meines Enkels, und jetzt schaue ich einfach ab und an bei ihm vorbei, ob es ihm gut geht.«

Ich erklärte dies alles der Mutter und bat sie, Fotos vom Großvater zu holen. Der Junge erkannte den Mann auf dem Foto sofort als denselben, der ihn in der Nacht immer besucht.

Ich fragte dann weiter: »Warum kommst du jede Nacht wieder, obwohl du siehst, dass dein Enkel Angst vor dir hat?«

»Meine Tochter leidet sehr unter meinem Tod, sie konnte sich nicht von mir verabschieden, weil sie hochschwanger war. Und jetzt macht sie sich starke Vorwürfe. Ich wollte ihr einfach sagen, dass alles gut ist, und ich bemerkte, dass mein Enkel mich wahrnehmen konnte. Ich wollte ihr meine Botschaft über den Jungen übermitteln. Sag ihr, sie soll sich keine Vorwürfe machen! Mir geht es gut und ich liebe sie!«

Hier zeigt sich sehr schön, dass der Geist beziehungsweise der Verstorbene gute Absichten hatte und eigentlich nur eine Botschaft weitergeben wollte. Bis jetzt handelte es sich immer, wenn ich an »Spukorte« gerufen wurde, um harmlose Vorgänge, auch wenn scheinbar Mysteriöses dabei war, dass zum Beispiel Klopfgeräusche zu hören waren oder Gegenstände verschwanden. Bis jetzt stand immer ein Verstorbener dahinter, der eine Botschaft hatte oder einfach zeigen wollte, dass er noch da ist und es ihm gut geht.

Viele bitten einen Verstorbenen um Zeichen, doch wenn dann plötzlich Klopfgeräusche auftreten oder elektrische Geräte verrückt spielen, bekommen sie es mit der Angst zu tun und denken sofort an böse Geister. In neunundneunzig Komma neun Prozent der Fälle ist nur jemand von unseren lieben Verstorbenen am Werk, der eine Botschaft für uns hat. Gerade Kinder sehen die »Geister« bekanntlich bisweilen noch, bis sie rund sieben Jahre alt sind. Es ist verständlich, dass sich die Verstorbenen das zunutze machen wollen und über die Kinder eine Botschaft hinterlassen möchten. Doch meistens erkennen wir das nicht, sondern halten solche Vorgänge entweder für Spuk oder für die Fantasie der Kinder.

Wie kommuniziert die Geistige Welt mit uns?

Ich möchte hier zuerst erklären, wie man überhaupt mit Verstorbenen oder Geistwesen in Kontakt treten kann. Am Ende dieses Buches werde ich auch ein paar Übungen vorstellen, mit deren Hilfe du lernen kannst, selbst mit Verstorbenen und Geistführern zu kommunizieren.

Viele Menschen haben eine völlig falsche Vorstellung davon, wie eine solche Kommunikation stattfindet. Sie meinen, dass ich mit Verstorbenen oder Geistführern so reden kann wie mit lebenden Personen. Doch die Kommunikation findet nicht über die Stimme und mein Gehör statt. Obschon ich vereinzelt Worte aufgrund meiner Hellhörigkeit wahrnehme, geschieht der Austausch vor allem über Bilder und Gefühle.

Es gibt verschiedene Hellsinne für diese Kommunikation:

- Hellsehen, das Empfangen von Bildern und Visionen;
- Hellhören, das Empfangen von Geräuschen und Worten;
- Hellfühlen, das Empfangen von Gefühlen und Eindrücken, beispielsweise über Todesursache, Verletzungen, Krankheiten oder körperliche Besonderheiten.
- Hellriechen und Hellschmecken sind zwei weitere Hellsinne, die man ab und zu gebrauchen kann, dann findet man zum Beispiel heraus, welches Parfum ein Verstorbener benutzt hat, ob er ein Raucher war oder besondere Gewürze beim Kochen gebraucht hat.

- Hellwissen kommt noch hinzu, wobei man einfach gewisse Dinge weiß, aber nicht sagen kann, ob man sie gesehen, gehört, gefühlt oder auf eine andere Weise empfangen hat.

Alle Hellsinne müssen trainiert werden, im Grunde kann man nur die Dinge richtig interpretieren, die man kennt und geübt hat. Wenn ich sage, dass ich hellsichtig bin, denken viele immer, dass ich alles sehen könnte oder alles wüsste. Doch das ist zum Glück nicht so! Obwohl ich manchmal schon das Gefühl habe, dass ich alles weiß – aber welcher Mann denkt das nicht von sich?☺

Auch wenn ich von Kind auf Dinge mit meinen Hellsinnen wahrnahm, musste ich mein Talent doch mit viel Übung verfeinern. Und auch heute ist es noch so, dass ich meist nur die Dinge gut erkennen und übermitteln kann, die mir bekannt sind und mit denen ich trainiert habe. So ist es für mich beispielsweise sehr leicht zu erkennen, ob ein Verstorbener einen Herzinfarkt hatte und daran starb, weil ich schon mit Hunderten von Verstorbenen kommuniziert habe, die an einem Infarkt starben. Ein Herzinfarkt fühlt sich für mich so an, als würde mir jemand mit dem Zeigefinger auf die Brust drücken. Wenn ich dieses Gefühl habe, weiß ich sofort, woran die Person gestorben ist. Die Kommunikation ist aber nicht immer so einfach, denn manchmal habe ich mit Todesursachen zu tun, die sehr speziell oder gar mysteriös sind. Wenn dies der Fall ist, kann ich nicht immer genau erkennen, woran jemand starb.

Einmal hatte ich eine Frau bei mir, die mit ihrem verstorbenen Bruder Kontakt aufnehmen wollte. Ich nahm ihn schnell wahr, und die ersten Fakten, die ich ihr übermittelte, konnte sie sehr gut verstehen. Doch er sagte mir die ganze Zeit: »Sag meiner Schwester, dass ich keinen Selbstmord begangen habe! Es war ein Unfall!« Ich gab ihr dies weiter, aber sie meinte nur, dass die Polizei eindeutig von einem Selbstmord ausgeht.

Doch der Bruder in der Geistigen Welt blieb hartnäckig und meinte ständig: »Nein, es war ein Unfall!«

Ich fragte ihn, wie er gestorben war, doch machte das, was ich wahrnahm, für mich absolut keinen Sinn. Es fühlte sich so an, als würde ich nackt in einem Schlafsack liegen und auf einmal keine Luft mehr bekommen. Doch ich spürte das nicht so, als ob mich jemand erwürgen würde, sondern ich fühlte zuerst eine Panik und bekam dann immer weniger Luft. Ich beschrieb das der Klientin und fragte, ob sie dies verstehen könnte. Für sie machte es absolut Sinn, sie meinte nur: »Genau so ist er gestorben!«

Der junge Mann gab mir Bilder von einem Reißverschluss, der abbricht, sodass man ihn nicht mehr öffnen kann. Dann fühlte ich immer weniger Luft, und es war, als ob ich einschlafen würde. Als ich das erzählte, wurde die Frau plötzlich hellhörig und wollte wissen, was es genau mit dem Reißverschluss auf sich hatte. Ich sagte nur, dass es sich für mich so anfühlt, als ob ich in einem Schlafsack liege, der aber auch über meinem Kopf geschlossen ist, dass sich dieser Schlafsack nicht mehr öffnen lässt und ich ersticke.

Ich verstand es wirklich nicht und konnte mir auch nichts darunter vorstellen. Doch die Frau erklärte mir am Schluss: »Mein Bruder hat spezielle Neigungen gehabt und sich beim Sex gern in Plastik gehüllt, durch den Sauerstoffmangel war der Orgasmus besonders intensiv. Er hat dies wohl auch für die Selbstbefriedigung eingesetzt und ist in einer solchen Plastikhülle gestorben, man konnte sie von innen wirklich mit einem

Reißverschluss verschließen. Doch wir waren davon überzeugt, dass es Selbstmord war, obwohl kein Abschiedsbrief vorhanden war.«

Ich wollte wissen, ob diese Plastikhülle noch vorhanden war und man das überprüfen konnte. Sie wusste in dem Moment nicht, ob die Hülle vielleicht noch bei der Polizei war oder aber der Mutter übergeben wurde. Ein paar Wochen später rief sie an und teilte mir mit, dass die Hülle noch vorhanden und der Reißverschluss wirklich gebrochen war. Auch die Polizei hielt es jetzt für möglich, dass es ein Unfall war und kein Selbstmord.

Ich konnte in meinem Kontakt mit dem Verstorbenen nicht genau herausfinden, wie dieser Mann starb, weil ich mir beim besten Willen nicht vorstellen konnte, dass man überhaupt so sterben könnte. Man denke jetzt nicht, dies sei ein Einzelfall. Ich bin dieser Todesursache schon mehrmals begegnet, und bei einem Mal war es wirklich Selbstmord.

Es gibt noch einen Fall, den ich hier erzählen möchte, weil dadurch verständlicher wird, wie ich Informationen erhalte. Wieder war eine Tochter bei mir in der Sitzung und wollte mit dem verstorbenen Vater in Kontakt treten. Ich sah sofort, dass der Vater in einem Einfamilienhaus gewohnt hatte, bei ihm ein Einbruch stattfand und er dabei getötet wurde. Er gab mir auch zu verstehen, dass es sich nicht um einen Raubmord handelte, sondern dass es den Tätern wirklich darum ging, ihn zu töten.

Natürlich wollte ich wissen, wer es war, doch er konnte mir keinerlei Informationen dazu geben, weil er die Täter nicht erkannt hat. Auch hier fragte ich, woran genau er gestorben

war. Dies frage ich im Grunde bei jeder Sitzung, denn die Todesursache ist meist sehr speziell und gibt mir auch die Möglichkeit, klare Details und Beweise von Dingen zu liefern, die
ich gar nicht wissen kann. Nicht immer ist es mir möglich, die
genaue Todesursache zu sagen. Oft macht es einfach für mich
keinen Sinn, aber der Klient weiß meist genau, wovon ich
spreche. Meist fühle ich die Todesursache an meinem eigenen
Körper, natürlich nie eins zu eins – zum Glück, sonst könnte
ich den Beruf nicht lange ausüben.

Als ich hier fragte, woran er gestorben war, bekam ich ganz
eigenartige Eindrücke. Ich sah auf einmal nichts mehr, es
wurde dunkel, und ich bekam das Gefühl von einem leichten
Druck am Hals. Es fühlte sich an, als würde mir etwas den
Hals zuschnüren, und doch fühlt es sich nicht an, als ob jemand erhängt oder erwürgt würde. Ich fühlte danach dumpfes Pochen auf meinem Kopf, immer und immer wieder. Dann
bekam ich auf einmal das Gefühl von Wärme, die in meinem
Gesicht hochstieg und ich bekam Atemnot.

Ich beschrieb die Eindrücke, die ich erhielt, genauso für die
Klientin und meinte: »Es tut mir leid, ich kann nicht mehr
dazu sagen, ich kann es nicht verstehen, es muss wohl eine
Todesursache sein, die ich noch nicht kenne.«

Was dann folgte, war eine schreckliche Geschichte. Die Frau
meinte: »Ich kann absolut verstehen, was Sie beschreiben. Es
ist richtig, dass bei meinem Vater eingebrochen wurde und
er dabei getötet wurde. Es kam auch kein Geld weg. Meinem
Vater wurde eine Plastiktüte über den Kopf gestülpt und unten am Hals zugeklebt. Deswegen sahen Sie wohl nichts mehr
und fühlten einen Druck am Hals. Die Täter schlugen mehrmals auf den Kopf meines Vaters; er blutete so stark, dass sich

die Plastiktüte mit Blut füllte. Dies war wohl die Wärme, die im Gesicht hochstieg. Es gelangte auch Blut in die Atemwege, und man vermutet, dass mein Vater an seinem eigenen Blut erstickt ist. Bis heute wurde der Täter nicht gefunden und wir tappen völlig im Dunkeln.«

Anhand dieser Geschichte kann man die Sprache der Geistigen Welt besser verstehen. Übrigens haben sich leider auch nach der Sitzung noch keine neuen Hinweise ergeben, wer der oder die Täter waren.

Noch ein Beispiel, das ich sehr spannend finde. Wir hatten bei uns im Center ein Seminar, in dem man lernt, mit Verstorbenen in Kontakt zu treten. Ich gab während dieses Seminars auch einen Kontakt. Irgendwie war die Kommunikation ein bisschen schwierig. Es lief nicht so, wie ich es gewohnt war, und vieles ergab für mich gar keinen Sinn. Ich hatte einen verstorbenen Bruder aus der Geistigen Welt da, seine Schwester war bei mir im Seminar; sie konnte die Infos von dem Verstorbenen gut nachvollziehen, nur machte mir der Kontakt große Mühe.

Ich vernahm den Namen Stefan oder Stefanie; ich wusste, dass es nicht der Name des Verstorbenen war, aber erhielt keinen Hinweis, was der Bruder mit diesem Namen meinte. Auch die Schwester konnte damit nichts anfangen. Dann sah ich ein Spielzeugauto und sah, dass die Motorhaube offen war. Ich bekam das Gefühl, dass an Fahrzeugen herumgeschraubt und repariert wird. Ich hielt die Bilder für furchtbar banal, denn welcher Junge spielt nicht gern mit Spielzeugautos, obwohl der Bruder aus dem Alter heraus war. Ich konnte mir keinen Reim auf die Bilder machen.

Als ich die Bilder erklärte, sah ich auf einmal den Aha-Effekt im Gesicht der Kursteilnehmerin, und sie begann zu erzählen: »Mein Vater hat eine Autowerkstatt und mein Bruder hat dort gearbeitet. Auch ich arbeite jetzt dort, und jetzt verstehe ich auch den Namen Stefan: Das ist mein Exfreund, der auch in der Werkstatt tätig war.« Ich sah aber symbolisch für die Autowerkstatt Spielzeugautos, und da der Name erst keinen Sinn ergab, lenkte der Verstorbene die Schwester an den richtigen Ort, damit seine Botschaft dennoch verstanden wurde.

Leider ist es nicht immer so, dass der Klient sofort einen Aha-Effekt erlebt. Bei fast jeder Sitzung ergeben gewisse Nachrichten oder Details nämlich keinerlei Sinn. Früher wurde ich dann immer sehr nervös, doch heute weiß ich, dass sich die meisten solcher Hinweise im Nachhinein auflösen. Bei mir bekommt jeder Klient eine CD von der Sitzung; früher nur auf Wunsch, heute gebe ich jedem eine mit, weil ich selbst überrascht davon bin, wie viel sich manchmal auch im Nachhinein als richtig herausstellt.

Mir ist wichtig, dass pro Sitzung nur so vier bis acht Hinweise keinen unmittelbaren Sinn ergeben; der Hauptteil muss für den Klienten stimmig sein. Anfangs mochte ich das gar nicht, wenn ein Klient etwas nicht verstehen konnte, doch heute weiß ich, warum die Geistige Welt das so handhabt. Viele Menschen denken, ein Medium ist ein Gedankenleser, doch das ist nicht der Fall. Wenn ich ein Gedankenleser wäre, dann könnte ich nur die Details oder Fakten bringen, die mein Klient kennt. Deswegen erzählen mir die Verstorbenen auch immer wieder Dinge, die dem Klienten zum Zeitpunkt der

Sitzung noch nicht bekannt sind, als zusätzlichen Beweis dafür, dass ich das nicht irgendwie vom Gesicht oder aus den Gedanken abgelesen habe. Denn wenn der Klient etwas zum Zeitpunkt der Sitzung selbst nicht weiß, kann ich das nur von einem Verstorbenen aus der Geistigen Welt haben.

Heute amüsiert es mich, wenn der Klient sagt: »Nein, das kann ich nicht verstehen!« Wenn eine Sitzung gut läuft, dann weiß ich, dass sich auch dieses unklare Detail früher oder später klären wird, und zwar nicht so, dass man es an den Haaren herbeiziehen müsste. Das ist für mich immer das Wichtigste: Die Beweise, die mir die Geistige Welt gibt, sollte man sich nicht schönreden müssen, die Botschaften sollen für den Klienten immer ganz klar sein, manchmal sofort und manchmal eben auch erst später.

Ein Beispiel ist eine Klientin namens Birgit, die mit ihrem verstorbenen Partner einen Kontakt wünschte. Birgit konnte alle Informationen von ihrem Partner verstehen – bis auf: »Sag ihr den Namen Marion und dass ich zum Geburtstag gratuliere!« Birgit konnte aber weder mit dem Namen etwas anfangen noch damit, dass jemand bald Geburtstag hätte. Ich fragte nochmals nach und bekam wieder die Botschaft »Marion« und das Gefühl, dass diese Marion bald Geburtstag haben wird. Für Birgit machte das keinen Sinn. Da es aber der einzige Hinweis war, der für sie nicht verständlich war, machte ich mir keine großen Gedanken darüber.

Ein paar Monate später kam eine Frau mit Namen Marion zu uns ins Center. Von ihr erfuhr ich, wie Birgits Geschichte weitergegangen war: Birgit war ein paar Tage nach der Sitzung auf Monika getroffen. Sie wollte ein Möbelstück kaufen, und die Besitzerin des Geschäftes war jene Marion. Beide waren sich sehr sympathisch, und aus der Begegnung wurde schnell eine Freundschaft. Ein paar Tage danach lud Marion Birgit zu ihrem Geburtstag ein. Somit bekam die Information des Verstorbenen plötzlich doch noch Sinn.

Ein anderes Mal hatte ich eine Klientin, die mit ihrer verstorbenen Mutter Kontakt haben wollte. Die Sitzung verlief im Großen und Ganzen normal. Ich bekam klar den Namen Maria und fragte, ob sie bestätigen kann, dass die Mutter Maria heißt. Doch die Klientin konnte das nicht. »Meine Mutter heißt Angela und nicht Maria.« Ich fand es eigenartig, weil ich den Namen ganz klar verstanden hatte. Ich bat sie einfach, das mal im Hinterkopf zu behalten. Ansonsten machte alles in der Sitzung für sie Sinn. Schon am nächsten Tag bekam ich eine E-Mail, in der sie schrieb, dass sie sich mit ihrem Vater die Sitzungs-CD angehört hatte, und als sie zu der Stelle mit dem Namen Maria kamen, begann er zu weinen und meinte: »Deine Mutter hat richtig wirklich Maria geheißen, aber sie fand den Namen so schrecklich. Angela war nicht ihr richtiger Name, doch seit Jahrzehnten nennt sie die ganze Familie Angela.«

Für mich war spannend, dass hier eine Geschichte ans Tageslicht kam, die die Tochter über ihre eigene Mutter nicht kannte. Offenbar war es aber der Mutter doch noch wichtig, dass sie den richtigen Namen erfuhr.

Hier folgt nun ein Textauszug vom 29. Juni 2010, von einem Übungszirkel mit meinen Schülern. Da die Schüler in einer ungeraden Zahl da waren, bat ich Renata, mir eine Sensitive Sitzung (ein Aura-Reading mit Standortbestimmung) zu geben. Später wurde gewechselt, und ich gab ihr eine Sitzung, sie durfte auswählen, ob sensitiv oder medial mit Kontakt zu einem Verstorbenen. Sie wollte einen Jenseitskontakt, und ich konnte sehr schnell eine Tante von ihr wahrnehmen und erkannte, woran sie gestorben war, die Verhältnisse in der Familie und ihre Rolle in der Familienstruktur. Für Renata ergab das meiste Sinn, doch ich bekam noch zwei Worte: »Sepp« und »August«, mit denen sie gar nichts anfangen konnte. Lediglich der Bruder einer Freundin von ihr heißt Josef und hat im August Geburtstag. Doch dies machte für mich nun keinen Sinn und schien mir zu weit hergeholt.

Ich bat sie, sich diese zwei Worte zu merken, und hatte noch eine Botschaft für ihre Mutter und Schwester. Renata erklärte mir, dass es wohl schwer sein würde, der Mutter die Botschaft von der Tante zu übermitteln, da sie seit Jahren ein sehr schwieriges Verhältnis zum Elternhaus hatte. Ich sagte: »Man weiß nie, vielleicht gibt es einmal die Möglichkeit. Es kann möglich werden, wenn ein Verstorbener einem den Auftrag gibt. Wir werden sehen.«

Für mich persönlich war damit die Sitzung beendet und auch schon vergessen. Als ich an der Niederschrift dieses Buches saß, sah ich Renata bei der Ausbildung wieder, und sie fragte mich, ob sie mir ein Feedback zu der Sitzung schreiben dürfe. Ich habe mich sehr darüber gefreut, denn ich bin über alle Rückmeldungen froh. Sie schrieb:

Nun ja, ich konnte auch am nächsten und übernächsten Tag mit den zwei Wörtern nichts anfangen. Sie gingen mir zwar immer wieder durch den Kopf, aber es ergab für mich überhaupt keinen Sinn. Am 5. Juli, also eine knappe Woche später, besuchte ich spontan einen Bekannten, den ich sonst nicht so besuchen gehe; ein ungeplanter Blitzbesuch. Ich hatte nicht viel Zeit, um lange zu bleiben.

Gegen Ende des Besuchs erkundigte ich mich noch nach seiner Gesundheit. Er erzählte mir seine Krankengeschichte, und in einem Nebensatz sagte er, dass das Ganze am »Weder-Sepp-Turnier« (eine Sportveranstaltung) ausgebrochen sei. Ich kannte Weder Sepp von früher, aber nur flüchtig. Er ist schon seit Jahren tot, und ich wusste gar nicht, dass es ein Gedenkturnier gibt. Der Bekannte sagte mir, dass das schon seit Langem stattfindet. Mein Onkel und gleichzeitig Pate, der vor fünf Jahren gestorben ist, habe dieses Turnier ins Leben gerufen. Außerdem sagte er mir, dass es immer zwei Wochen nach dem Hörnli-Cup (eine andere Sportveranstaltung) stattfindet. Ich wusste, dass der Hörnli-Cup immer am letzten Juli-Wochenende oder am ersten August-Wochenende ist.

Da machte es bei mir plötzlich »Klingeling« und die beiden Wörter ergaben für mich einen Sinn. Da ich nicht wusste, dass es ein Weder-Sepp-Turnier gibt und dies im August stattfindet, konnte Pascal das unmöglich von meinen Gedanken oder von meinem Unbewussten »abgelesen« haben. Ich habe durch die ganze Beschäftigung mit den beiden Turnieren spontan das Gefühl bekommen, wieder einmal zum Hörnli-Turnier zu gehen, das ich schon seit Jahren nicht mehr besuchte. Dort traf ich dann überraschend meine Mutter und konnte ihr die Botschaft von meiner Tante, die für sie bestimmt war, überbringen.

Ich fand diese Geschichte sehr spannend, weil Renata letztlich durch den Jenseitskontakt erfuhr, dass es dieses Weder-Sepp-Turnier gibt, das von ihrem Onkel und Paten ins Leben gerufen wurde, und dass somit ein klarer Bezug zu ihrer Person besteht. Durch die Auseinandersetzung mit den Turnieren wurde sie veranlasst hinzugehen – und dort traf sie ihre Mutter, mit der sie lange keinen Kontakt hatte. Ich persönlich finde, das hat die Tante gut eingefädelt!

Gerade als ich dieses Kapitel schrieb und mir überlegte, ob ich nicht noch ein richtig spannendes Erlebnis habe, schickte mir die Geistige Welt eins. Ich hatte die Zeilen zu Renata beendet und fuhr nach Bern zu einem Workshop. Es ging um das Thema Kontakt mit Verstorbenen. Bei diesem Seminar musste eine Schülerin zu Übungszwecken einer Frau einen Jenseitskontakt geben. Es kam die verstorbene Tochter der Kursteilnehmerin durch und es lief ganz gut. Die Probeklientin meinte aber am Schluss: »Könnte ich nicht noch einen ganz klaren Beweis haben, dass es wirklich meine Tochter ist!«

Ich erklärte ihr, dass die Schülerin doch schon tolle Beweise gegeben hatte und dass sie ja noch in der Ausbildung ist und jetzt vielleicht nur die absoluten Hammerbeweise fehlen.

Sie meinte: »Dann gib du mir diese Beweise!«

Das ist etwas, was ich gar nicht mag, denn »Hammerbeweise« aus dem Ärmel zu zaubern, gelingt fast nie auf Kommando. Doch gab mir mein Geistführer ein Zeichen, es zu tun. Somit saß ich vor der ganzen Klasse und nahm Kontakt mit der Tochter auf. Bald sagte ich: »Sie zeigt mir eine selbst gemachte Kugel, und da ist was drin von ihr, die Kugel ist im Moment ganz wichtig oder war vor Kurzem ganz wichtig! Kannst du das verstehen?«

Sie schaute mich an und sagte: »Nein!«

»Gut, ich sehe bei ihr noch eine Katze, eine junge Katze, und sie sagt, dass die Katze jetzt bei ihr ist!«

»Wir hatten nie Katzen, das macht keinen Sinn!«

Es war peinlich! Nichts machte Sinn und noch schlimmer war: Es passierte vor all meinen Schülern. Ich brach ab, denn noch mehr Kratzer konnte mein Ego nicht ertragen.

Am selben Abend hatte ich eine Jenseitsdemonstration, und ich muss zugeben, diese kurze Jenseitslesung beim Seminar war nicht gerade eine Aufmunterung für mich. Ich bin immer sehr nervös vor großen Demonstrationen. Meistens kommen da sehr viele Leute, und man beschreibt dann einen Verstorbenen so genau, dass es nur für eine Person aus dem Publikum verständlich ist. Je mehr Leute kommen, desto präziser muss man natürlich arbeiten, damit die ganzen Informationen wirklich nur eine Person aus dem Publikum betreffen.

Als ich zum Veranstaltungsort kam, lief die Schülerin und Probeklientin vom Nachmittag auf mich zu und meinte: »Sorry, Pascal, ich muss unbedingt mit dir reden. Du glaubst nicht, was passiert ist. Ich habe gerade mit meiner anderen Tochter telefoniert, die noch lebt. Und sie sagte mir, dass heute Morgen ihre junge Katze überfahren wurde, somit macht es jetzt absolut Sinn, was du von der Katze erzählt hast. Aber noch erschreckender ist: Auch das mit der Kugel macht Sinn. Ich hatte derselben Tochter eine Kugel gebastelt, die war unten hohl, und dort habe ich ein Foto von der verstorbenen Tochter hineingetan. Ich hatte das vergessen, doch heute Morgen ist meinem Enkel die Kugel heruntergefallen und zerbrochen. Ich wusste die beiden Dinge heute Nachmittag nicht, deswegen machte es absolut keinen Sinn! Tut mir leid, es ist unglaublich, aber das sind meine Hammerbeweise!«

So ging ich mit viel Selbstvertrauen in den Abend. Ich war der Geistigen Welt sehr dankbar, dass ich das noch vor meiner

Abendveranstaltung mit Live-Demonstration erfahren durfte. Ich staune immer wieder, wie sich gewisse Dinge »von selbst« arrangieren.

Ich könnte jetzt noch viele Beispiele aus der Vergangenheit bringen. Für dieses Buch habe ich aber absichtlich sehr aktuelle Fälle ausgewählt. Bei fast jeder Sitzung gibt es Botschaften, die erst im Nachhinein wirklich Sinn ergeben.

Zeichen aus der Geistigen Welt

Die Verstorbenen können sich auch bei ihren Angehörigen bemerkbar machen, ohne dass sie ein Medium dafür brauchen. Oft bekommen Hinterbliebene Zeichen aus der Geistigen Welt, auch wenn sie diese manchmal nicht eindeutig als solche erkennen oder sich nicht sicher sind, ob das Einbildung, Zufall oder wirklich eine Botschaft war. Bei vielen Sitzungen berichten Klienten, dass sie von Verstorbenen Zeichen erhalten haben. Ich möchte hier auf einige solcher Hinweise eingehen, die häufiger vorkommen und deswegen dem einen oder anderen Leser bekannt sein dürften. Ich tu das auch, um dir mehr Gewissheit zu geben, wenn du etwas Ähnliches erlebt haben solltest.

Wenn du jemanden durch den Tod verloren und keines der angesprochenen Zeichen bekommen hast, heißt das aber nicht, dass der Verstorbene nicht in deiner Nähe ist oder dir kein Zeichen schicken möchte. Doch es ist nicht für jeden Verstorbenen leicht, erkennbare Zeichen zu geben. Warum ist mir nicht ganz klar. Ich kann selbst nicht ganz verstehen, warum ein Verstorbener es zum Beispiel regelmäßig schafft, ein Fernsehgerät ein- und auszuschalten und ein anderer das nie hinkriegt. Ein Grund könnte sein, dass nicht alle Verstorbenen das für sinnvoll erachten und es vielleicht auch ein spezielles Wissen braucht, wie man auf Elektrizität einwirken kann. Wenn ein Verstorbener das nicht weiß, kann es sein, dass er deswegen nicht über elektrische Geräte auf sich aufmerksam macht.

Außerdem muss der Verstorbene sehr starke Energien haben, um die Elektrik zu beeinflussen, und auch in der Geistigen Welt ist der Energiehaushalt von jedem Individuum anders. Das ist nur eine weitere mögliche Erklärung; genau kann ich es leider nicht sagen, weil es auch für mich noch eine offene Frage ist. Ich denke aber auch, dass es sehr mit der Persönlichkeit und den Vorlieben des Verstorbenen zu tun hat. Jemand, der nichts mit Düften anfangen konnte, wird sich wohl kaum über einen Duft bemerkbar machen.

Auf jeden Fall sind Zeichen über die Elektrizität, sich bewegende Gegenstände oder Klopfgeräusche auch deswegen selten, weil sie den meisten Menschen Angst machen. Ich habe solche Phänomene oft erlebt. Auch mir wurde es manchmal unheimlich. Obwohl ich keine Angst vor Verstorbenen habe und weiß, dass es keine bösen Geister gibt, jagt es auch mir schon mal einen Schrecken ein. Man sollte aber bei solchen Phänomenen immer untersuchen, ob nicht ein natürlicher Ursprung dahinterstecken kann. In vielen Fällen konnte ich das ausschließen.

Vor allem bei den folgenden Dingen muss man immer klar untersuchen, ob ein technischer Defekt vorliegt. Falls man das absolut ausschließen kann, darf man davon ausgehen, dass es sich um ein paranormales Ereignis handelt. Beispiele für Zeichen von Verstorbenen sind unter anderem:

- Licht, das sich ein- und ausschaltet, oder Lampen, die flackern.
- Radiogeräte und TV-Geräte, die an- und ausgehen, die Lautstärke verändern oder »von allein« den Sender wechseln.
- Andere elektrische Geräte, die sich ein- und ausschalten.

- Telefonklingeln, ohne dass dann jemand dran ist oder trotz toter Leitung (dies ist schwer zu überprüfen).
- Manche sehen für einen kurzen Moment einen Umriss, die Aura oder auch klar die verstorbene Person vor sich (extrem selten).
- Gegenstände, die sich bewegen.
- Das Gefühl, nicht allein im Raum zu sein.
- Klare, intensive Träume von einem Verstorbenen (kommt oft vor).
- Der persönliche Duft des Verstorbenen, den man ohne erkennbare Ursache riecht.
- Geräusche wie Klopfen oder Knacken, die nicht auf einen natürlichen Ursprung zurückzuführen sind.
- Außergewöhnliches Verhalten von Haustieren. <u>Tiere können Verstorbene gut wahrnehmen und reagieren oft auf sie.</u>

Auf einige der Punkte möchte ich etwas näher eingehen und beschreiben, was ich selbst in dieser Hinsicht schon erlebt habe. Das mit den elektrischen Geräten ist mir früher beispielsweise oft passiert. Gerade am Anfang, als ich meine Medialität immer mal wieder angezweifelt habe, haben sich Verstorbene oder gar meine Geistführer gern über elektrische Geräte bemerkbar gemacht.

Einmal gab es ein ganz spannendes Erlebnis: Ich zweifelte gerade daran, ob der Große Bär, mein Geistführer, wirklich real ist oder ob ich mir das alles nur einbildete. Ich arbeitete damals noch ein paar Tage in der Woche in einem Esoterikgeschäft in Basel, und es war keine Kundschaft da. So hatte ich genügend Zeit, mich in meinen Selbstzweifeln zu baden. Ich saß total gelangweilt da und machte mich in Gedanken selbst fertig. Das hörte sich ungefähr so an: »Geistführer, Indianer aus der Geistigen Welt, die dir helfen! Alter! Geht es noch? Such dir einen Arzt! Ist doch alles nicht real!«

Während ich das dachte, wurde auf einmal die meditative Musik, die im Hintergrund lief, extrem laut! Ich bin fast zu Tode erschrocken, stand auf und drehte sie leiser. Ich dachte: »Diese alte Kiste von einem CD-Player ist genau so durchgeknallt wie du!« Wieder wurde die Musik extrem laut! Das Ganze wiederholte sich etwa zehnmal! Ich war mir sicher, dass ich allein im Geschäft war. Als ich mich öffnete und hellsichtig schaute, sah ich meinen Geistführer und vernahm nur seine Botschaft: »Ich bin dein indianischer Geistführer, und, glaubst du immer noch nicht, dass es mich gibt?« Nachdem ich meine Zweifel für diesen Tag auf die Seite gelegt hatte, hatten wir nie mehr Probleme mit der Lautstärke dieses Gerätes.

Etwas, was mein verstorbener Vater oft gemacht hat, ist, Fernsehsender zu wechseln oder das Gerät komplett aus- oder einzuschalten. Oft auch, wenn ich nicht allein war, und gleich, wo ich war oder um wessen Fernsehgerät es sich handelte. Doch es kam natürlich auch schon vor, dass ich einfach auf der Fernbedienung saß und das Gerät deswegen verrückt spielte.

Ein Klient hat mir erzählt, dass es seit dem Tod seines Sohnes zweimal vorgekommen ist, dass sein Handy geklingelt hat und das Display den Namen des Sohnes als Anrufer gezeigt hat, obwohl das Handy des Verstorbenen längst nicht mehr in Betrieb war. Da mir der verstorbene Sohn dasselbe während einer Sitzung auch erzählt hat, bevor es mir der Vater bestätigte, halte ich es für möglich, dass so etwas auch noch bei anderen vorkommen kann.

Häufig berichten Klienten, dass sie die Verstorbenen noch spüren, und oft erzählen mir die Verstorbenen, dass sie sich über das Fühlen bei den Hinterbliebenen bemerkbar machen. Viele Klienten reden auch von Bewegungen, die sie seit dem Tod eines Mitmenschen aus dem Augenwinkel erkennen, oder dass sie sogar schon helle Umrisse oder nochmals die Person klar vor sich sahen. Das waren fast immer Menschen, die keine speziellen außersinnlichen Begabungen oder ein Training als Medium hinter sich haben. Bei uns in der Familie haben fast alle weiblichen Vorfahren mütterlicherseits berichtet, dass Verstorbene zu ihnen kamen, um sich zu verabschieden. Die meisten haben sie sogar klar noch einmal gesehen, obwohl die Betreffenden zu diesem Zeitpunkt längst tot waren.

Tiere zeigen uns auch oft, wenn Verstorbene da sind. Das habe ich vor allem bemerkt, als ich meinen jetzigen Hund Luna gekauft habe. Sie hat am Anfang ganz klar auf Verstorbene reagiert. Heute hat sie sich schon ziemlich an die Besuche aus der Geistigen Welt gewöhnt. Mein anderer Hund, mit dem ich dreizehn Jahre verbracht habe, hat nie auf Geistwesen reagiert. Ich dachte immer, dass er sie wohl nicht wahrnehmen könnte. Doch mein Geistführer hat mir erklärt, dass er einfach schon daran gewöhnt und es für ihn normal war, dass oft Besucher aus der Geistigen Welt bei mir sind. Das macht auch Sinn, und ich beobachte jetzt bei Luna, dass sie umso weniger auf solche Besuche reagiert, je älter sie wird.

Hunde oder Katzen schauen oft in Ecken und beobachten etwas, was für unsere Augen nicht sichtbar ist. Es kommt sogar vor, dass Hunde bellen oder Katzen etwas anfauchen, was wir nicht wahrnehmen können. Oder sie beginnen mit dem Schwanz zu wedeln oder zufrieden zu schnurren. Tiere haben von Natur aus eine viel feinere Wahrnehmung als wir Menschen. Deshalb lesen wir oft, dass Menschen von ihnen vor herannahenden Katastrophen gewarnt wurden.

Zum Schluss möchte ich noch auf Träume eingehen, da mir Klienten oft von Träumen von Verstorbenen berichten. Hier muss man klar festhalten, dass es einfach logisch ist, dass wir von verstorbenen Nahestehenden träumen, um den Verlust zu verarbeiten – diese Träume meine ich hier nicht. Doch es kommt manchmal vor, dass wir einen Traum von einem Verstorbenen haben, der ganz anders ist, der so klar und echt ist, dass er sich deutlich und ohne Zweifel von einem normalen Traum unterscheiden lässt. Wenn du schon mal einen solchen Traum hattest, weißt du jetzt ganz genau, was ich meine. Wer es nicht weiß, hatte bis zum heutigen Tag noch nie einen solchen Traum.

Gerade über den Traum können sich Verstorbene am einfachsten bemerkbar machen, weil unser Gehirn im Schlaf weniger aktiv ist und uns unser Verstand somit nicht behindert. Das ist genau dasselbe, was ja einem Medium bei der Arbeit im Weg stehen kann: die eigenen Gedanken und die Urteile aus dem Kopf. Da das Gehirn während des Schlafs nicht ganz so aktiv ist, können Verstorbene leichter Zugang finden und uns über Träume Botschaften vermitteln.

Vorausgesetzt allerdings, dass man sich an die Träume dann auch erinnern kann. Ich persönlich habe noch nie eine Botschaft im Traum erhalten; vermutlich, weil ich kaum träume und mich dann auch nur ganz schlecht erinnern kann. Auch ist mir eine Aussage von einer Lehrerin in England immer noch im Kopf. Als ein Schüler fragte, ob man Botschaften von Verstorbenen im Traum erhalten kann, sagte sie: »Ja, klar geht das! Aber willst du jetzt jedes Mal schlafen, wenn du einem Klienten eine Botschaft vermitteln möchtest?« Sie hatte natürlich recht. Als Medium sollte man immer Informationen aus der Geistigen Welt empfangen können, ohne dass man dazu schlafen muss.

Doch für alle, die nicht als Medium arbeiten, sind Träume eine wunderbare Möglichkeit, noch einmal Zeit mit einem geliebten Verstorbenen zu verbringen. Meistens erwarten wir beim Schlafengehen auch kein Zeichen und keine Botschaft – und da dann auch kein Druck besteht, ist es für die Geistige Welt viel einfacher, uns etwas zu übermitteln.

Es gibt sogar Menschen, die bewusst mit einer Frage einschlafen können und in der Nacht eine Botschaft von einem Verstorbenen oder Geistführer oder einem sonstigen Bewohner der Geistigen Welt als Antwort erhalten. Doch wie gesagt ist nicht jeder Traum ein klares Zeichen. Manchmal verarbeiten wir in unseren Träumen einfach das, was wir tagsüber erlebt haben – unsere Seele betreibt sozusagen Psychohygiene.

Eine Geschichte, die für mich sehr berührend war, möchte ich hier noch kurz erzählen. Es geht hier auch um Zeichen, doch fällt es ein bisschen aus dem üblichen Rahmen. Ich hatte eines Tages eine Sitzung mit den Eltern einer jungen Frau, die mit achtundzwanzig Jahren verstorben war. Mir fiel es sehr leicht, mit ihr zu kommunizieren; sie war eine herzliche und liebevolle Person und konnte sehr klare Beweise bringen. Sie zeigte mir, dass sie an einer mysteriösen Krankheit gestorben war und eigentlich niemand genau wusste, woran sie gelitten hatte. Ihre Eltern konnten mit dieser Mitteilung etwas anfangen. Sie gab mir auch zu verstehen, dass sie schon lange an dieser Krankheit gelitten hatte, und auch das war richtig. Sie erzählte mir dann, dass sie sich eingehend mit dem Leben nach dem Tod beschäftigt hatte. Das ergab für die Eltern erneut Sinn.

Ich traute mich fast nicht, das zu sagen, doch es ging kaum noch anders: »Es tut mir Leid, Ihre Tochter zeigt mir immer wieder meine Bücher, und ich sehe sie sogar im Bett liegen mit meinem Buch auf der Brust. Können Sie das verstehen?«

Da begann die Mutter zu weinen und erzählte, dass ihre Tochter mit meinem Buch auf der Brust gestorben war. Als sie »Nachricht aus dem Jenseits« umdrehte, war das Kapitel »Wie bereitet man sich auf eine Sitzung vor?« aufgeschlagen. Für die Eltern war dies ein klares Zeichen ihrer Tochter: Sie wollte, dass ihre Eltern zu mir kommen. Ich war sehr berührt von der Geschichte, und sie hat mich noch lange beschäftigt.

Nur ein paar Monate später starb eine Schülerin von mir, die im gleichen Alter wie diese junge Frau war und auch an einer Krankheit gelitten hatte. Auch bei ihr fanden die Eltern mein Buch neben dem Leichnam. Für mich war das fast unglaublich, weil ihre Geschichten so ähnlich waren und die Eltern auf dieselbe Weise zu mir geführt wurden.

Viele erzählen mir, wie sie auf mich aufmerksam wurden, und bei einigen bin ich davon überzeugt, dass die Verstorbenen selbst klare Zeichen gegeben haben, damit die Hinterbliebenen Trost durch einen Jenseitskontakt suchen. Zahlreiche Klienten berichten spannende Geschichten, wie sie zu mir gefunden haben, und viele sind ebenfalls überzeugt, dass die Geistige Welt bei der Kontaktaufnahme mitgeholfen hat.

Warum die Botschaften von Verstorbenen manchmal banal erscheinen

Gleich vorweg: Ich denke nicht, dass es banale Botschaften gibt. Jedenfalls kommt es immer darauf an, von welcher Seite her man sie beurteilt. Denn es ist klar: Wenn ich als neutraler Betrachter einen Jenseitskontakt beobachte und darin Charaktereigenschaften als Beweis kommen oder über die Art der Beziehung zu den Hinterbliebenen berichtet wird, dann sind das für einen Außenstehenden vielleicht schon sehr banale Botschaften. Für den Hinterbliebenen sind es allerdings meist alles andere als unwichtige Dinge.

Es ist auch klar, dass die Verstorbenen kaum mal neuartige Weisheiten berichten. Sie möchten den Angehörigen vielmehr Trost geben, und vor allem möchten sie, dass die Hinterbliebenen wissen, dass es ihnen gut geht und dass sie weiterleben. Das kann banal wirken, aber für eine Mutter oder einen Vater, die ihr Kind verloren haben, ist es existenziell wichtig.

Für mich als seriös arbeitendes Medium ist auch klar, dass die Botschaften, die ein Verstorbener mir mitteilt, überprüfbar sein müssen. Nur so kann ich sicher sein, dass ich wirklich die richtige Person aus der Geistigen Welt bei mir habe. Ich persönlich sehe mich als Botschafter der Geistigen Welt, und ich möchte vor allem, dass durch meine Jenseitslesungen bei den Hinterbliebenen Heilung stattfinden kann – gleich ob die Botschaften jetzt bahnbrechend sind oder nicht. Ich möchte, dass

111

meine Worte klar verstanden werden, dass die Aussagen einen Sinn ergeben, dass sie Hand und Fuß haben.

Oft werde ich gefragt, ob ich nicht Jesus, Abraham, Maria, Erzengel Michael oder Napoleon channeln könnte, und sehe dann meist enttäuschte Gesichter, wenn ich sage, dass ich das nicht kann. Es ist mir wichtig, auch hier noch einmal zu bemerken, dass ich mich nicht als Channel sehe, sondern als Spiritualistisches Medium. Und wenn ich mir die Botschaften anschaue, die zum Beispiel von Medien kommen, die (angeblich) in Verbindung mit Jesus stehen, frage ich mich schon, warum Jesus, der seit fast zweitausend Jahren nicht mehr unter den Inkarnierten weilt, nichts Neues durchgeben kann. Manchmal frage ich mich auch, ob er und andere hoch stehende Wesen wirklich nichts anderes mit ihrer Zeit anzufangen wissen, als durch irgendwelche Medien zu sprechen und ihnen Bücher zu diktieren. Ich für meinen Teil glaube, dass sie etwas Besseres zu tun haben. Wenn ich mir die meisten Medien anschaue, die bekannte Persönlichkeiten channeln wollen oder sich als Medium dafür zur Verfügung stellen, kommen bei mir weitere Fragen auf: Würde ich mir, falls ich ein Erzengel wäre, wirklich ein Medium aussuchen, das schon auf den ersten Blick für neunzig Prozent der Menschen unglaubwürdig wirkt? Könnte so ein Medium wirklich der ideale Botschafter sein?

Ich möchte hier niemanden angreifen, sondern dich dazu ermuntern, kritisch mitzudenken. Ich bin absolut davon überzeugt, dass es Medien gibt, die sehr hoch entwickelte Geistführer haben, und dass es vielleicht auch Medien geben könnte, die mit Jesus in Verbindung stehen. Doch glaube ich und bin davon überzeugt, dass solche Medien dies nicht unbedingt groß herumposaunen oder in ihre Werbung schreiben müssen, sondern dass man solche Medien schon selbst erkennt.

Ich meine außerdem, dass sich Jesus, wenn er durch ein Medium spricht, nicht als »Jesus« vorstellen würde, jedenfalls nicht, wenn er möchte, dass das Medium ernst genommen wird. Er würde sich vermutlich als ganz einfacher Geistführer oder Engel zeigen, bestimmt nicht als Jesus Christus.

Man muss unterscheiden: Es gibt Medien, die sich eher als Botschafter für Geistführer oder für Engel zur Verfügung stellen und nicht wie ich als Kanal für Verstorbene. Das ist von Grund auf eine ganz andere Arbeit, auch wenn beide als Medium arbeiten. Die Quelle ist eine andere. Viele fragen mich immer wieder, wie ich ein seriöses Medium erkenne oder wie ich erkennen kann, ob die Botschaften des Mediums ernst zu nehmen sind. Ich antworte darauf immer: Prüfe den Botschafter und schau, wie er auf die Menschen wirkt.

Die Geistige Welt will für »voll« genommen werden, sie will als real betrachtet werden. So sucht sie sich Botschafter, mit denen sie dieses Ziel erreichen kann. Meistens sind es die stillen, unauffälligen Medien, die »besser« und authentischer sind als jene, die sich selbst in den Mittelpunkt stellen. Sicher braucht es aber auch Medien, die in die Öffentlichkeit gehen, die die breite Masse erreichen. Denn nur so können viele Menschen von der Geistigen Welt erfahren und von einem Leben nach dem Tod.

Es gibt ab und zu Kritiker, die mir vorhalten: »Warum sieht man dich immer mal wieder im Fernsehen oder in der Presse, du hast doch genügend Klienten und brauchst keine Werbung mehr!« Das stimmt. Werbung brauche ich nicht, doch mein Ziel ist es, durch meine Art und durch meine Arbeit mit den

Medien den Menschen die Botschaft von einem Leben nach dem Tod weiterzugeben. Ich kann nur eine sehr beschränkte Anzahl von Sitzungen pro Tag geben und ich kann in meinem Leben nur wenige Menschen mit persönlichen Sitzungen erreichen. Die Botschaft aber soll viel mehr Menschen erreichen.

Das ist für mich auch die Motivation, Bücher zu schreiben und die Menschen über meine Arbeit als Medium zu informieren. Es gibt mir die Kraft, mich auch der Kritik der Presse immer und immer wieder neu auszusetzen, um die Botschaft eines Lebens nach unserem Leben weiterzugeben.

Mich motiviert Werbung in den Medien schon lange nicht mehr, sondern für mich ist die Botschaft wichtig. Ich sehe mich als Botschafter für die Geistige Welt, auch wenn die Botschaften manchmal banal erscheinen und durch mich kein Jesus, Michael Jackson, Abraham oder Mohammed spricht, sondern einfach unsere Verwandten, die körperlich gestorben sind.

Der Ablauf einer medialen Sitzung

Zum besseren Verständnis, was man bei einer Jenseitsberatung erwarten kann und wie das so abläuft, möchte ich hier ein kleines Kapitel darüber schreiben. Ich will dabei betonen, dass ich dabei vor allem meine eigene Arbeitsweise beschreibe, die sich jedoch nicht groß von der anderer Medien unterscheidet, die wie ich nach dem englischen Spiritualismus ausgebildet wurden.

Die Dauer einer Sitzung kann variieren. Früher habe ich sechzig Minuten dauernde Beratungen gegeben, heute gebe ich meistens noch Sitzungen von fünfundzwanzig bis dreißig Minuten. Das hat zwei Gründe: Zum einen habe ich gemerkt, dass die Verstorbenen rund zwanzig bis fünfundzwanzig Minuten lang klar bei mir durchkommen; wenn eine Sitzung länger geht, habe ich Mühe, noch wirklich deutliche und detaillierte Botschaften zu erhalten. Zum anderen ist die Nachfrage für Sitzungen bei mir enorm gestiegen, also habe ich die Beratungszeit gekürzt, damit ich mehr Menschen helfen kann. Ich kann pro Tag nur eine gewisse Zeit genügend Konzentration für solche Sitzungen aufbringen.

Nun zum Ablauf: Bei mir werden alle Klienten gebeten, mindestens zehn Minuten vor dem Termin in der Praxis zu sein, um sich ein Infoblatt durchzulesen. Dort ist der Ablauf der Sitzung beschrieben. Wenn der Klient dann zu mir in den Beratungsraum kommt, kann ich sofort mit dem Eigentlichen beginnen.

Ich möchte vom Klienten nur wissen, wie er heißt, einfach der Höflichkeit halber, und dann noch, ob er mit jemand

Bestimmtem Kontakt wünscht oder ob er das offenlassen möchte. Falls er jemand Bestimmten wünscht, muss ich logischerweise wissen, um wen es sich handeln soll – also Vater, Tochter, Mutter, Sohn, Großvater, Freund, Bekannter … – sowie das Alter, das dieser Mensch beim Tod hatte. Dann schaue ich, ob ich die Person unter den Verstorbenen aus dem Umfeld des Klienten wahrnehmen kann. Ist das möglich, beginne ich mit der Lesung. Möchte der Klient mit niemand Bestimmtem zu tun haben, dann schaue ich, welchen Verstorbenen ich am klarsten wahrnehmen kann, und beginne dann mit der Beschreibung der Person.

Bei mir darf der Klient nur »Ja«, »Nein«, »Kann ich verstehen« oder »Weiß ich nicht« sagen. Gerade am Anfang der Sitzung möchte ich keine Zusatzinformationen haben. Der Grund liegt auf der Hand: Der Klient kann sich dann sicher sein, dass ich nicht einfach durch geschicktes Ausfragen an die Informationen komme. Und ich kann relativ sicher sein, dass alles, was ich in den folgenden Minuten sehe und fühle, aus der Geistigen Welt kommt und nichts Erinnertes aus Erzählungen oder ein logischer Rückschluss meinerseits ist. Ich bin da extrem, ich möchte wirklich gar nichts wissen, weil ich sicher sein möchte, dass mir nicht mein Kopf während einer Sitzung im Weg steht. Ich will ein so reiner Botschafter wie möglich sein.

Mit diesen wenigen Infos beginne ich nun, Klarheit über die Beziehung zwischen dem Klienten und dem Verstorbenen zu erlangen – wie war das Verhältnis? Etwas, das ich fast in jeder Sitzung mache, ist die Klärung der Todesursache, denn gerade hier kann ich als Medium meist sehr leicht klare Beweise bringen. Jeder Tod ist so unterschiedlich, und gerade wenn man genau sagen kann, woran oder wie jemand starb, sorgt dies immer für Vertrauen. Natürlich geht es auch darum, wie der Verstorbene gewohnt hat, ob auf dem Land, in der Stadt, im Ausland; vielleicht kann man sogar sagen, in welchem Land oder an welchem Ort. Dazu kommen oft Botschaften bezüglich dessen, was man sah, wenn man dort aus dem Fenster blickte. Wohnte der Verstorbene in der Nähe von etwas Speziellem, zum Beispiel am Flughafen, am Bahnhof oder an der Straßenbahn? Lebte er in einem Haus oder in einer Wohnung? Und so weiter. Natürlich sind auch gemeinsame Erlebnisse sehr wichtig.

Außerdem kommt es immer wieder vor, dass Namen, Geburtsdaten, Hochzeitsdaten, Straßennamen oder sonstige spezielle klare Daten kommen, doch ist dies leider nicht in jeder Sitzung der Fall. Am Anfang versuche ich, so viele klare Beschreibungen und Beweise wie möglich zu liefern, damit der Klient sicher sein kann, dass wirklich die verstorbene Person bei uns ist.

Im zweiten Teil gehe ich darauf ein, was wir klären können oder was allgemein noch geklärt werden soll. Dabei frage ich den Verstorbenen, warum der Klient zu mir gekommen ist. Klienten kommen zu neunundneunzig Prozent der Fälle aus einem bestimmten Grund. Ich möchte also vom Verstorbenen wissen, was geklärt werden muss – denn das weiß er ja auch.

Nicht immer läuft es so, wie es sich der Klient wünscht. Denn manchmal kann der Verstorbene uns die gewünschte Botschaft oder ein fehlendes Puzzleteilchen nicht geben. Vielleicht deshalb, weil ich die Antwort nicht verstehen kann, oder auch deshalb, weil der Verstorbene es selbst nicht weiß. Wenn zum Beispiel jemand wissen möchte, wie ein Unfall zustande kam, und der Verstorbene an dem Tag unter starkem

Einfluss von Drogen oder Alkohol stand oder aus sonstigen Gründen nicht genau mitbekommen hat, was passiert ist, kann er uns auch nicht weiterhelfen. Genauso ist es, wenn ein Mordopfer den Mörder nicht kannte oder ihn nicht sah, weil er vermummt war – dann kann das Opfer leider auch keine genaue Beschreibung abgeben. Konnte der Verstorbene den Mörder erkennen, dann kann er meist genau sagen, wer es war, oder zumindest gezielte Hinweise geben. Doch wann immer es möglich ist, ist diese Klärung von Offengebliebenem das Wesentliche der Sitzung.

Jede Beratungsstunde ist natürlich anders, doch folgende Beweise und Themen sind in einer Sitzung möglich und kommen oft vor:

- Beziehung und Verhältnis des Verstorbenen zum Klienten
- Erscheinungsbild des Verstorbenen während des Lebens
- Persönlichkeit und Charakter
- Beschreibung des Wohn- und Lebensraums
- Beruf und Hobbys
- Angewohnheiten
- Spezielle Daten wie das Geburtsdatum und das Todesdatum
- Natürlich der Name des Verstorbenen oder der von Nahestehenden
- Todesursache und das Gefühl während des Sterbens und nach dem Sterben
- Beschreibung der Beerdigung oder der Besonderheiten an dem Tag
- Spezielles, beispielsweise Dinge, die der Verstorbene gern gemacht hat
- Klärung von offenen Fragen.

Sobald die eigentliche Sitzung beendet ist, spreche ich immer noch kurz mit dem Klienten. Manchmal sind mir Dinge unklar geblieben, oder ich sah weitere Botschaften, die für mich keinen Sinn machten, und frage nach, ob sie für den Klienten irgendetwas aussagen. Das ist meist der Fall, denn es kommt oft vor, dass für mich etwas total unverständlich ist, für den Klienten aber eine spezielle und ganz klare Bedeutung hat.

Doch wie schon erwähnt gibt es meistens vier oder fünf Dinge, die im Moment der Sitzung keinen Sinn ergeben, weder für mich noch für meinen Klienten. Deswegen bekommt bei mir jeder eine CD mit einem Mitschnitt der Sitzung. Wenn man sich die Beratung später wieder anhört, werden viele Dinge doch noch stimmig. Auch ist die CD ein gutes Hilfsmittel, um die Sitzung in Ruhe noch einmal auf sich wirken zu lassen. Denn die meisten Klienten, die zu einer Lesung kommen, sind enorm angespannt – und die halbe Stunde ist recht schnell vorbei. Dann ist es gut, sich die Fülle an Informationen, die durchkommen, nochmals in Ruhe anzuhören.

Für mich ist die Beweisfähigkeit einer Sitzung enorm wichtig, obwohl ich mich davon gelöst habe, beweisen zu wollen, dass es möglich ist, mit Verstorbenen zu kommunizieren. Heute geht es mir in erster Linie um die Heilung des Klienten, doch auch dafür ist es wesentlich, möglichst zu beweisen, dass wirklich der Verstorbene, um den es geht, da ist.

Obschon uns die Quantenphysik starke Rückendeckung gibt und es inzwischen vielleicht nicht direkt als bewiesen, aber immerhin als stark naheliegend gilt, dass es so etwas wie ein Leben nach dem Tod geben muss, kann man die Arbeit eines Mediums leider noch nicht zweifelsfrei wissenschaftlich beweisen. Denn jedes Medium arbeitet anders und jede Sitzung ist wiederum anders. Diese Unterschiede akzeptiert die Wissenschaft nicht. Sie möchte bei jeder Sitzung immer die exakt gleichen Resultate und Beweise haben – und das ist leider (oder Gott sei Dank, denn die Menschen sind unterschiedlich und das Leben ist vielfältig) nicht möglich. Ich bin überzeugt, dass man in ein paar Jahren die Arbeit des Mediums wissenschaftlich wird beweisen können. Es ist nur noch eine Frage der Zeit. Ich persönlich arbeite immer wieder mit Forschern zusammen, weil es mir wichtig ist, neue Erkenntnisse in dieses Gebiet zu bringen. Die Mühlen der Wissenschaft arbeiten jedoch langsam, extrem langsam – aber ich bleibe zuversichtlich.

Warum kommuniziert die Geistige Welt manchmal nicht?

Oft werde ich gefragt, ob ich eine Garantie geben kann, dass der Verstorbene zum richtigen Zeitpunkt auch da ist und mit dem Hinterbliebenen sprechen möchte. Ich muss darauf immer dieselbe Antwort geben: »Nein, das kann ich leider nicht!« Denn es gibt viele Faktoren, warum ein Jenseitskontakt nicht zustande kommen kann, und ich kann ja nicht in die Zukunft schauen. Ich kann also nicht vorhersagen, ob es klappen wird. Die einzige Garantie, die ich geben kann, ist, dass bei mir niemand bezahlen muss, wenn ein Kontakt nicht funktioniert.

Ich muss aber auch sagen, dass von der Geistigen Welt her eigentlich immer der Wunsch nach einem Kontakt besteht. Ich habe es in all den Jahren noch nie erlebt, dass ein Verstorbener nicht kommunizieren wollte. Wenn ein Kontakt nicht oder nicht befriedigend möglich war, war meist ich als Medium die Ursache oder auch der Klient. Doch ich habe es noch nie erlebt – und ich durfte inzwischen schon Tausende Sitzungen geben –, dass ein Verstorbener gesagt hat: »Nee, mit der oder dem will ich nicht kommunizieren!« Umgekehrt leider schon: Manchmal kommt ein Verstorbener durch, doch der Klient erwartet jemand anderen und sagt dann einfach: »Die Informationen machen für mich alle keinen Sinn! Der Nächste bitte!«

Doch genau damit kann man eine Sitzung zum Scheitern bringen. Denn wenn ein Medium einen Verstorbenen ganz klar sieht und auch klare Botschaften bekommt, der Klient aber mit diesem Angehörigen nicht in Kontakt treten möchte oder einfach fest davon ausgeht, dass jemand anders durchkommen müsste, und daher bei allen Informationen, die das Medium weitergibt, immer Nein sagt, dann wird das Medium total verunsichert. Es ist ja auch nur ein Mensch. Es wird in so einem Fall nur noch sehr schwer möglich sein, einen neuen guten Kontakt herzustellen. Das war früher die häufigste Ursache bei mir, wenn es nicht klappte. Der Klient hatte den Wunsch nach einer Kommunikation mit jemand Bestimmten, und nun kam aber jemand anderes. Meist hat es dann nicht oder nicht so gut funktioniert, weil der spezielle Wunsch des Klienten nicht erfüllt wurde.

Deswegen mache ich es heute so, dass man bei mir gleich richtig wünschen kann, mit wem man in Kontakt treten möchte, und ich probiere dann, genau diese Person zu finden und einen Zugang herzustellen. Das ist zwar nicht ganz so leicht, wie wenn ich die Person aus der Geistigen Welt nehme, die ich am klarsten erkennen kann, auch wenn sie vielleicht nicht diejenige ist, derentwillen der Klient bei mir ist. Es gibt einfach Verstorbene, die man besser wahrnehmen oder mit denen man besser kommunizieren kann als mit anderen.

Wenn ein Kontakt gar nicht klappt, liegt das meistens am Medium, auch wenn manche Kollegen diese Wahrheit vielleicht nicht so gern hören. Ich für meinen Teil sage es dem Klienten lieber, wenn das Problem bei mir liegt, als dass ich ihm das Gefühl gebe, sein geliebter Verstorbener wolle nicht mit ihm in Kontakt treten. Man sollte nicht vergessen, dass ein Verstorbener nach dem Tod nicht von heute auf morgen erleuchtet wird und sofort all seine Muster und Blockaden aufgelöst sind. Seine Persönlichkeit, die er auf der Erde hatte, bleibt zunächst erhalten und wird sich nur sehr langsam verändern. Genau das ist auch wichtig, denn es ist für mich ein wichtiger Beweis, wenn ich den Charakter und die Persönlichkeit eines Verstorbenen beschreiben kann. Bei sehr introvertierten Menschen kann es für mich als Medium jedoch schwierig sein, genügend Informationen zu bekommen. Aber das passt dann auch zu dem Verstorbenen.

Manchmal passiert es auch, dass ich als Medium einem Verstorbenen unsympathisch bin. Das ist zwar für mich schwer vorstellbar ☺, aber es kommt vor. Dann kann es gut sein, dass der Vertreter der Geistigen Welt mir nicht alles anvertrauen möchte oder keine wirklich nahe und gute Kommunikation stattfinden kann. Und natürlich ist auch das Umgekehrte manchmal der Fall. Vor allem wenn die Chemie zwischen mir und dem Verstorbenen stimmt, können die Sitzungen extrem tief und gut werden. Hier liegt – nebenbei gesagt – auch eine wichtige Grundvoraussetzung für ein angehendes Medium: Es muss Menschen lieben und es muss sympathisch sein, denn sonst wird es sich schwertun, auf der Erdenebene ebenso wie auf der geistigen.

Soweit ich das beurteilen kann, will die Geistige Welt immer mit uns kommunizieren und man muss auch keine Sorge haben, dass wir sie stören oder irgendetwas oder irgendjemanden behindern würden. Ich erlebe es im Gegenteil immer ganz anders: In der Geistigen Welt entsteht jedes Mal eine große Freude, wenn ich mich »aufmache«, damit ein Verstorbener mit mir in Kontakt treten kann. Auch dürfen wir Folgendes nicht vergessen: <u>In der Geistigen Welt herrscht genauso der freie Wille wie hier auf der Erde.</u> Will ein Verstorbener nicht über das Medium mit jemandem kommunizieren, dann würde er sich einfach nicht melden. Ich als Medium habe dann keine Chance. Ich kann, auch wenn ich das möchte, keinen Verstorbenen zwingen, mit mir in Kontakt zu treten.

Meist sind die Gründe also sehr einfach, wenn ein Kontakt nicht zustande kommt. Dem Medium könnte es an dem Tag schlecht gehen. Manchmal spielt auch das Wetter eine starke Rolle. Ich reagiere stark auf Wetterwechsel, und dann ist es für mich viel schwieriger, eine gute Sitzung zu geben. Doch ist das mein persönliches Problem und hat nichts mit den Verstorbenen zu tun. Natürlich ist der Kontakt auch schwieriger, wenn ich übermüdet, krank, gestresst bin oder es mir seelisch nicht gut geht.

Wenn der Klient mit übergroßen Erwartungen kommt oder sehr gestresst ist, vielleicht genervt von der Fahrt oder einfach nicht liebevoll dem Medium gegenüber – auch dann kann eine Sitzung schnell kippen und nicht mehr möglich sein. Zwischen Medium und Klient sollte eine entspannte und angenehme Atmosphäre herrschen. Dann sind schon mal richtig gute Grundbausteine für einen guten Kontakt gesetzt.

Es kommen manchmal auch Klienten, die Code-Wörter mit dem Verstorbenen abgemacht haben, und wenn dieses Code-Wort nicht kommt, dann glauben sie nicht, dass der Verstorbene wirklich da ist. So etwas finde ich immer traurig, und es zeigt mir, dass die Menschen nicht verstehen, worum es geht. Sicher ist es manchmal möglich, ein Code-Wort zu bekommen. Doch muss man beachten, dass ich als Medium mit

Informationen überflutet werde, wenn ich in Kontakt trete. Ich wähle dann aus, was ich weitergebe, was ich spannend und was ich nicht so wichtig finde. Wenn ein Code-Wort dann zum Beispiel das Wort Rot ist, ist dies für mich als Medium nicht aussagekräftig, es macht keinen Sinn. Ich würde das Wort wohl kaum erwähnen, weil ich es nicht in einen vernünftigen Kontext bringen kann. Denn wie schon gesagt, kommuniziere ich nicht über Sprache, sondern über Bilder, Gefühle und Eindrücke, und somit würde ich, wenn ich die Farbe Rot sehe oder fühle, sie nie als Codewort erkennen können.

Klienten kann ich nur empfehlen, immer kritisch, aber offen zu sein. Sie sollten keine bestimmten Informationen erwarten, sondern sich das anhören, was das Medium weitergibt. Und wenn es nicht überzeugend genug ist, sollten Sie dem Medium einfach sagen: »Tut mir leid, das hat mich nicht überzeugt!« Es ist wichtig, ehrlich zum Medium, aber auch zu sich selbst zu sein und keine falschen Angaben zu machen.

Es kommen, wie erwähnt, manchmal Klienten und geben falsche Namen an. Das ist mir persönlich egal, ich bin kein Hellseher und kein Orakel, das die Wahrheit erkennt, sondern ein Medium – aber solche Falschaussagen verwirren das Ganze oft. Ich kann mich da noch an eine Sitzung mit einer Dame erinnern. Sie stellte sich mir als Brigitte vor, ich nahm an, dass dies der richtige Name ist – warum sollte sie auch schwindeln? Ich nahm Kontakt zu ihrem verstorbenen Ehemann auf, und sie konnte alles verstehen, doch irgendwie fand ich die Frau eigenartig. Etwas gab mir einfach immer so ein ungutes Gefühl. Die Ehe zwischen den beiden war ziemlich schlimm, und es gab einiges, was die beiden in der Sitzung bei mir klären konnten. Auf einmal vernahm ich Folgendes: »Sag Monika, dass ich sie liebe!« Ich war geschockt und dachte: Mist! Ich habe hier eine Brigitte, und er liebt die Monika! Wenn ich das sage, dann zerstöre ich wohl den Frieden wieder, den sie in den letzten Minuten geschlossen haben!

Doch der Ehemann ließ nicht locker, und so fragte ich, ob sie eine Monika kennt oder ihr der Name etwas sagt. Sie meinte entschieden, sie kenne keine Monika! Doch er gab mir immer und immer wieder das gleiche Gefühl, und ich sagte: »Er gibt mir das Gefühl, dass er eine Monika sehr gern gehabt, ja sogar geliebt hat! Können Sie das wirklich nicht verstehen?«

Jetzt begann sie zu weinen und lächelte plötzlich ganz sanft. Sie sagte: »Ich heiße Monika, aber ich habe mich nicht getraut, mich unter meinem richtigen Namen anzumelden, weil meine Geschichte so schlimm ist!«

Das ist ein Beispiel, bei dem sich etwas aufgeklärt hat und am Ende sogar noch ein schöner Beweis war. Doch es war verwirrend und brauchte seine Zeit.

Ein anderes Mal war auch eine Frau da, bei der sich am Ende herausstellte, dass sie einen falschen Namen angegeben hatte. Ich spürte von Anfang an, dass etwas nicht stimmte. Es war mir kaum möglich, eine gute Sitzung zu geben, denn ich fühlte eine starke Unaufrichtigkeit, was mich enorm verunsicherte – also brach ich die Sitzung ab. Die Frau gestand mir später per Mail, dass sie nicht mit offenen Karten gespielt hatte, warum auch immer.

Was ich auch immer mal wieder erlebe ist, dass Verstorbene einfach gewisse Fragen nicht beantworten möchten. Zum Beispiel kommt es vielfach vor, dass mir ein Verstorbener nicht sagen möchte oder nur mit Mühe herausbringt, wenn er den

Freitod gewählt hat. Das war am Anfang sehr schwer für mich, denn ich konnte das nicht verstehen. Ich sah, dass es den Seelen gut geht, und doch wollten sie nicht über den Tod sprechen. Mit der Zeit fand ich heraus, dass es ihnen manchmal peinlich war, dass sie sich umgebracht hatten, oder dass sie es am liebsten vergessen wollten, weil sie gesehen haben, wie viel Schmerz ihr Freitod den Hinterbliebenen gebracht hat, und sie das nicht wieder auffrischen möchten. Viele weigern sich dann ganz, darüber zu sprechen.

Einmal kam ein Klient und wollte mit seinem Vater reden. Der Klient wollte unbedingt wissen, wo gewisse Erbunterlagen sind. Der Vater lachte und sagte mir: »Er liebt mich gar nicht und ist auch nicht da, weil er an das glaubt, was Sie machen. Er will nur mehr Geld haben! Sagen Sie ihm das! Sagen Sie ihm auch, dass ich ihm nie sagen werde, wo die Unterlagen sind!« Da hatte mich der verstorbene Vater in eine tolle Situation gebracht! Doch ich versuchte, es so nett wie möglich zu formulieren – und anstatt dass der Sohn böse wurde, begann er zu lachen und meinte: »So ist mein Vater; er wollte uns nie sagen, wo diese Unterlagen sind, wahrscheinlich gibt es das Geld gar nicht!« Er gab auch zu, dass er nur des Geldes wegen hier war und nicht an das glaubt, was ich mache.

Somit hatte ich natürlich jetzt den Schwarzen Peter bekommen. Wenn ich seine Frage nicht beantworten konnte, dann würde ich in seinen Augen ein Scharlatan sein. Dem Vater war das egal, und er wollte mir auch, nachdem ich ihn von meiner Seite aus weiter befragte, keine Antwort geben. Der Sohn aber war am Schluss wirklich sehr nett und meinte: »Ich glaube Ihnen, dass Sie echt sind, denn genau so war mein Vater! Hätten Sie mir gesagt, wo die Unterlagen sind, hätte ich Ihnen nie geglaubt, dass Sie die Information von meinem Vater haben, denn er würde sie niemals weitergeben!« Ich war total überrascht und auch glücklich, denn man sah, dass die Sitzung beim Sohn etwas bewegt hatte. Ich bin mir sicher, dass er jetzt an ein Leben nach dem Tod glaubt.

Alles in allem: Es gibt einfach immer wieder Sitzungen, bei denen nicht die vom Klienten gewünschten Informationen kommen. Wie gesagt, liegt das meistens am Medium, dass es die Informationen nicht empfangen kann. Oder daran, dass ein Verstorbener findet, diese Information sei nicht wichtig. Oder er will sie für sich behalten oder kann aus irgendwelchen Gründen nicht darüber reden.

Selbstmord ist nicht immer Selbstmord

Ich möchte in diesem Buch auch über den Freitod schreiben. Das ist leider ein Thema, mit dem ein Medium sehr häufig konfrontiert wird. Ich glaube, es vergeht keine Beratungswoche, in der ich nicht mindestens zwei bis drei Jenseitslesungen gebe, in denen der Verstorbene Selbstmord begangen hat. Doch nicht immer ist das wirklich ein Selbstmord. Viele vermeintlichen Selbsttötungen haben sich in der Sitzung als Unfall herausgestellt. Doch möchte ich zuerst ein bisschen allgemein über Selbstmord sprechen und darüber, wie es den Seelen danach in der Geistigen Welt geht.

Oft hört man, dass jene Seelen, die den Freitod gewählt haben, in die Hölle kommen, schlimme Qualen erleiden müssen oder keine Ruhe finden. Das ist ein absolutes Ammenmärchen. Ich glaube an einen liebevollen Gott beziehungsweise an eine liebevolle Göttliche Energie. Würde diese gerade die Seelen am meisten bestrafen, welche die Liebe am nötigsten haben? Ich glaube, einer Seele muss es schon richtig schlecht gehen, wenn sie den Freitod wählt.

Ich kenne die Geistige Welt nur als liebevolle Welt; sie würde nicht jene bestrafen oder noch mehr quälen, die ohnehin schon großes Leid hinter sich haben. Doch muss man zugleich klar sagen, dass der Freitod kein Ausweg ist, um Lernprozessen auszuweichen. Es gibt zwar keine Hölle, doch es gibt den Lebensfilm beziehungsweise eine Anpassungsphase. Dabei muss sich ein Selbstmörder sein eigenes Leben anschauen – wie jede andere Seele auch. Zusätzlich sieht er aber auch, was er alles im Leben verpasst hat und wie er seinen Lernprozess unterbrochen hat. Dieser Prozess ist keine Bestrafung, sondern dafür da, dass ihm bewusst wird, dass der Freitod keine Lösung war und ist. Auch wird diesen Seelen klar, dass sie den abgebrochenen Lernprozess trotzdem weiterführen müssen, und zwar in der Geistigen Welt. Oft ist es so, dass Selbstmörder dann Menschen begleiten und unterstützen, die auch selbstmordgefährdet sind, um so einen Ausgleich zu schaffen.

Viele Verstorbene, die den Freitod gewählt haben, sagen mir, dass es damals für sie das Richtige war, doch wenn sie nochmals wählen könnten, würden sie es nicht mehr tun. Vielen ist zum Zeitpunkt der Tat nicht bewusst, wie viel Leid ihr Tod den Hinterbliebenen bereitet und dass sie durch ihren Selbstmord auch das Leben von vielen zerstören, die sie geliebt haben. Denn bei vielen Hinterbliebenen bleibt die Schuldfrage im Mittelpunkt. Sie möchten von mir als Medium dann wissen, warum der andere das getan hat.

Für mich ist erschreckend, wie viele junge Menschen und auch immer mehr Kinder den Freitod wählen. Ich hatte schon Kinder, die durch Selbstmord mit gerade mal neun Jahren in die Geistige Welt gegangen sind. Die Schuldgefühle und die Frage nach dem Warum bleibt immer bei den Hinterbliebenen, und in vielen Fällen können die Verstorbenen auch gar keine genauen Gründe nennen. Den meisten wurde einfach alles zu viel in dem Moment und es war dann eine Kurzschlussreaktion. Doch die Hinterbliebenen hätten gern eine ganz klare, bestimmte Aussage. Leider ist die oft nicht möglich.

Die Frage nach dem Warum ist die schwierigste, denn meistens können es wie erwähnt nicht einmal die Selbstmörder selbst genau sagen. Wichtig ist aber für mich Folgendes zu erwähnen, falls du darunter leidest, weil jemand den Freitod gewählt hat: <u>Du kannst dir sicher sein, dass er am selben Ort</u> <u>ist wie alle anderen Verstorbenen und dass er in der Geistigen</u> <u>Welt von liebevollen Geistführern und Wesen beschützt und</u> <u>begleitet wird. Keine Seele wird allein gelassen, allen wird ge-</u> <u>holfen und niemand kommt an einen schlechten Ort.</u>

Ein sogenannter Selbstmord ist nicht immer wirklich ein Selbstmord. Einige Beispiele, von denen ich persönlich Kenntnis erhalten habe, möchte ich hier erzählen. Vielleicht hast du schon mal eine ähnliche Geschichte erlebt. Oder du denkst: »Ist doch egal, ob es ein Unfall war oder Selbstmord, Tod ist Tod.« Ja, auf den ersten Blick kann das so aussehen, doch für die Hinterbliebenen ist das ein Riesenunterschied, und deswegen möchte ich hier darüber schreiben. Mir fällt auf, dass Behörden einen Tod viel zu oft als Selbsttötung abtun, wenn er es in Wirklichkeit nicht ist.

Ein Fall blieb mir besonders in Erinnerung; ich fand ihn für mich sehr speziell und hatte später immer mal wieder ähnliche Fälle. Bis heute habe ich bestimmt zehnmal so etwas Ähnliches durchgegeben. Immer wurde auf Selbstmord getippt – immer war das falsch. Im Sommer 2009 kam eine Mutter zu mir in die Praxis und schon, als ich sie aus dem Wartezimmer abholte, konnte ich ihren verstorbenen Sohn wahrnehmen. Dies ist ganz selten der Fall, denn wenn ich meine Klienten begrüße, sind meine außersinnlichen Sinne meist noch abgestellt. Doch diesmal war es ganz anders. Schon als ich zusammen mit der Mutter in meinen Beratungsraum ging, sagte der Sohn: »Sag meiner Mutter, es war ein Unfall! Ich bin kein Selbstmörder!« In all den Jahren hatte ich das so noch nie erlebt.

Als sich die Mutter gesetzt hatte, fragte ich: »Ist es richtig, dass Sie wegen Ihres verstorbenen Sohns hier sind? Normalerweise frage ich zuerst, mit wem der Klient sprechen möchte, aber Ihr Sohn möchte Ihnen unbedingt etwas mitteilen!« Zum Glück bestätigte sie, dass sie Kontakt zum verstorbenen Sohn wünschte. Ich begann sofort mit der Sitzung. »Ich sehe, dass Ihr Sohn etwa zweiundzwanzig Jahre alt war und dass Sie beide ein sehr gutes Verhältnis hatten. Er zeigt mir auch, dass er eine sehr offene Persönlichkeit war, und ihm ist es wichtig, dass Sie wissen, dass es ihm gut geht. Macht es Sinn für Sie, dass Ihr Sohn Selbstmord begangen hat?«

Die Mutter bestätigte die Details. Der Sohn aber wurde fast schon ein bisschen böse und gab mir zu verstehen: »Ich sagte dir doch, es ist kein Selbstmord gewesen, warum erzählst du, dass ich durch Selbstmord starb?« Doch dies musste ich machen, weil ich das Gefühl hatte, dass die Mutter den Selbstmord von der Polizei so bestätigt bekommen hatte. Ich meinte dann weiter: »Etwas stimmt mit dem Tod des Sohnes nicht, ich werde später nochmals darauf eingehen, doch zuerst möchte ich noch ein paar klare Details von Ihrem Sohn erzählen. Ich sehe, dass er noch zu Hause gewohnt hat, und zwar im dritten oder vierten Stock in einem Mehrfamilienhaus. Er sah den See, wenn er aus dem Fenster schaute, und Wald. Können Sie das bestätigen?«

Für die Mutter machten die Informationen Sinn, doch ihr Sohn wollte über seinen Tod reden. Ich bat ihn, erst noch genauere Informationen zu geben. »Ich höre immer wieder den Namen Markus und bekomme Juli als ein Geburtstagsdatum. Doch ich verstehe nicht ganz, wer das ist! Es muss aber jemand sein, der Ihrem Sohn sehr wichtig ist und den er geliebt hat.«

»Ja, Markus ist sein Bruder, und Markus hat im Juli Geburtstag, sie waren nicht nur Brüder, sondern auch beste Freunde!«

»Er möchte Markus warnen, er möchte nicht, dass ihm dasselbe passiert wie ihm!« Ich wusste nicht, was genau gemeint war, und auch die Mutter verstand es nicht. Ich fragte sie, ob Markus eventuell auch vorhätte, Selbstmord zu verüben. Da spürte ich wieder ganz deutlich den verstorbenen jungen Mann, der meinte: »Es war kein Selbstmord, schau genau hin!«

Ich sah auf einmal Bilder von ihm; er war nackt, um seinen Hals war ein Strick, und ich sah wie er zu Tode erstickt halb auf dem Boden lag, sein Oberkörper hing durch den Strick in der Luft, aber die Füße berührten den Boden. Das fand ich sehr eigenartig, denn wenn jemand sich erhängen möchte, dann passt er auf, dass er nicht mit den Füßen auf den Boden kommt. Es machte absolut keinen Sinn. Er hätte, so wie ich das Bild sah, ohne Probleme auf beiden Füßen stehen können, ohne dass dabei durch den Strick Zug auf seinen Hals entstanden wäre. Was ich auch sehr eigenartig fand, war, dass er ohne Kleider war. In all den Jahren hatte ich es bis jetzt noch nicht erlebt, dass sich jemand auszog, um sich dann selbst zu töten.

Ich sagte ihm: »Ich verstehe nicht, was du mir zeigen willst!«

Auf einmal vernahm ich Bilder von Selbstbefriedigung, und er gab mir immer wieder das Gefühl von einem Unfall. Ich fragte ihn, ob ich ihn richtig verstand: »Dein Tod war ein Unfall beim Onanieren?«

Ich vernahm ein klares Ja und das Gefühl, die Mutter sollte den Bruder fragen, der alles würde aufklären können. Für

133

mich machte es in dem Moment überhaupt keinen Sinn, ich hatte schon viel erlebt und schon einiges gesehen, doch so etwas noch nie. Ich muss auch zugeben, dass ich peinlich berührt war und nicht wusste, wie ich das alles der Mutter beibringen sollte. Ich denke, du wirst verstehen können, dass dies keine einfache Aufgabe war.

Doch die Mutter reagierte relativ gelassen und meinte dann: »Ich habe so etwas vermutet!« Ich habe nicht nachgefragt, was sie damit meinte, für sie persönlich war im Moment alles klar, und ich fühlte, dass sie die Sitzung hier beenden wollte.

Mir blieb das Ganze sehr stark in Erinnerung, und ich zweifelte oft, ob ich in der Sitzung alles richtig gemacht habe. Bis ein paar Wochen später eine E-Mail von der Mutter kam, in der sie schrieb, dass sie mit ihrem noch lebenden Sohn gesprochen und der sofort verstanden hatte, was gemeint war. Er erzählte dann, dass er und sein Bruder sich beim Onanieren absichtlich die Luftzufuhr abschnürten, da es dann beim Orgasmus zu einem intensiveren Erlebnis kommt. Er verstand auch, warum sein Bruder ihn nun warnte, da er selbst diese sexuelle Praktik immer noch ausführte.

Die Mutter bedankte sich immer und immer wieder bei mir, denn für sie war es, wenn sie ehrlich war, unverständlich, warum ihr Sohn Selbstmord begangen haben sollte. Sie hatte der Polizei glauben wollen, doch sie konnte es eigentlich nicht verstehen, weil er ein so lebensfroher junger Mann war. Auch wenn sein Tod bestimmt ein eigenartiger Unfall war, gab ihr das dennoch Ruhe, und sie konnte jetzt mit der Sache abschließen. Sie hat noch die Polizei über die neuen Erkenntnisse ins Bild gesetzt, und auch die Beamten haben ihr bestätigt, dass sie es im Nachhinein für möglich hielten, dass es ein Unfall war, weil sie ähnliche Fälle bei anderen jungen Menschen kannten. So sonderbar sich dies für dich vielleicht anhört, so traurig ist es für mich, dass ich immer wieder junge Menschen aus der Geistigen Welt habe, die durch denselben dummen Unfall sterben.

Ein anderes Mal hatte ich auch eine Mutter bei mir, die wegen ihres verstorbenen Sohnes zu einer Jenseitslesung kam. Sie hieß Katrin und war tief gezeichnet von ihrer Trauer. Sie hatte den Wunsch, mit ihrem Sohn in Kontakt zu treten. Die Sitzung verlief am Anfang ganz normal. Ihr Sohn konnte mir klare Beweise und Details aus seinem Leben erzählen, und es war nichts Außergewöhnliches dabei, deswegen gehe ich auch nicht näher auf den Anfang der Sitzung ein. Als ich den Sohn dann aber fragte, woran er gestorben sei, zeigte er mir sehr klar, dass er einen Autounfall hatte. »Katrin, ich sehe, dein Sohn starb an einem Autounfall. Was ich sehe, ist, dass die Straße ganz gerade und es eigentlich unmöglich war, an diesem Ort einen Unfall zu haben. Doch ich empfange ganz klar, dass es deinem Sohn wichtig ist, dass du weißt, dass es ein Unfall war. Er wollte eine CD in den Player stecken, doch die CD fiel ihm runter. Er zeigt mir, dass er während der Fahrt die CD vom Fußende des Beifahrersitzes holen wollte, dabei die Kontrolle über das Fahrzeug verloren hat und deswegen links auf der Gegenfahrbahn gegen einen Baum fuhr. Er sagt mir, es sei kein Selbstmord, es war ein Unfall und er wäre sofort tot gewesen!«

Ich dachte, die Mutter würde die Todesursache ohnehin kennen. Doch als ich sie fragte, ob das Sinn macht, sah ich, wie wieder Leben in ihr Gesicht kam. Ich hatte das Gefühl, als ob zwei Zentner Steine von ihren Schultern genommen würden. Katrin erzählte mir dann in ihren Worten, was passiert war. »Wie du gesehen hast, ist mein Sohn wirklich auf einer geraden Strecke über die Gegenfahrbahn in einen Baum gefahren. Laut Polizei ist weder Alkohol im Spiel gewesen noch überhöhte Geschwindigkeit, und es gab auch keine Bremsspuren. Somit war für die Polizei klar, dass es Selbstmord gewesen sein muss. Ich konnte aber nie verstehen, warum mein Sohn das hätte machen sollen, es gab keine Anzeichen dafür. Für mich ist das, was du mir gesagt hast, eine logische Erklärung, die auch zeigt, warum er an dieser Stelle gegen einen Baum fuhr und warum man keine Bremsspuren fand.«

Für mich als Medium war es nie eine Frage, ob Selbstmord oder Unfall. Ich zweifelte nie daran, dass es ein Unfall war. Später rief Katrin in meinem Büro an und berichtete, dass sie nochmals mit der Polizei Kontakt aufgenommen hatte und wirklich im Inneren des Autos eine CD gefunden wurde. Auch schließen sie nicht mehr aus, dass es tatsächlich wie beschrieben zu dem Unfall hatte kommen können.

Klar ist die CD im Auto kein hundertprozentiger Beweis, doch für mich zeigen beide Beispiele, dass für viele Menschen Heilung stattfinden kann, wenn sie einfach genauer über den Hergang Bescheid wissen. Dann macht es für viele plötzlich Sinn. Mir erweckten beide jungen Männer nicht den Anschein, als ob sie ihrem Leben ein Ende setzen wollten, deswegen zweifle ich nicht daran, dass es eindeutig Unfälle waren. Auch die Eltern sind derselben Meinung und fanden durch die Sitzung die noch fehlende Heilung.

Leider ist dies nicht immer so. Viel zu oft gebe ich Jenseits-lesungen, in denen es tatsächlich um Selbstmord geht. Was mir dabei immer wieder auffällt, ist, dass es häufig schwierig zu erkennen ist, woran derjenige genau gestorben ist, denn vielfach wollen Selbstmörder nicht darüber sprechen oder ha-ben vor der Tat berauschende Substanzen wie Alkohol, Medi-kamente oder Drogen genommen und können deswegen gar keine genauen Angaben mehr machen. Ein Verstorbener kann wirklich nur das weitergeben, was er selbst bewusst erlebt hat.

Doch gerade wenn es um Selbstmord geht, sehe ich, dass meine Arbeit enorm hilfreich sein kann. Immer wieder kom-men Menschen ganz geknickt in die Beratung und verlassen sie mit mehr Klarheit. Das Wichtigste ist für mich, hier in die-sem Kapitel nochmals hervorzuheben, dass jeder – ganz gleich, wie er stirbt –an einen guten Ort kommt und dass sein Lern-prozess weitergeht, einfach auf einer anderen Ebene. Es wird niemand, wirklich niemand, bestraft! Doch möchte ich hier auch nochmals betonen, dass man sich durch den Freitod nicht aus irgendeiner »Affäre« ziehen kann. Man muss sich auch im Jenseits seinen Problemen stellen und sie lösen. Es gibt kein Entkommen!

Der Prozess des Sterbens

Viele Menschen haben Angst vor dem Sterben. Ich denke, das ist auch sehr verständlich, denn wir machen uns am Ende des Lebens auf eine Reise und haben keine Ahnung, wohin sie führt und was uns erwartet. Ja, wir wissen meist nicht einmal, ob wir überhaupt auf eine Reise gehen und ob es überhaupt ein Leben nach dem Tod gibt. Ich persönlich bin davon zwar absolut überzeugt – und doch kann ich solche Ängste verstehen.

Doch durch meine Arbeit habe ich schon x-mal miterlebt, wie es ist, zu sterben. Denn vielfach, wenn ich mit einem Verstorbenen kommuniziere, zeigt er mir sehr genau, wie es war, als er starb. Ich mache mit meinen fortgeschrittenen Schülern gern eine Übung, in der sie einen Kontakt mit einem Verstorbenen herstellen, der ihnen dann den Prozess des Sterbens genau zeigen soll. Alle sind begeistert von dieser Übung und vielen nimmt sie die Angst vor dem Tod.

Sterben selbst ist etwas unheimlich Schönes. Es ist kaum zu beschreiben, deswegen möchte ich es mit den Worten eines Mystikers erklären: »Nie haben menschliche Lippen einen süßeren Kuss geschmeckt als den vom Engel des Todes.« Leider ist mir nicht bekannt, von wem dieser Satz ist, doch ich finde, er beschreibt sehr schön, wie es sein muss.

Oft wird der Sterbevorgang wie ein Schlaf erlebt. Sobald der Mensch im Sterben ist, verschwinden alle Schmerzen, Leiden und Ängste, falls er vor dem Tod darunter gelitten hat. Eine große Ruhe, eine Leichtigkeit erfüllt die Seele, und man hat das Gefühl, als ob man durch einen starken Zug nach oben in die Geistige Welt gezogen würde. Das Ganze geschieht sehr liebevoll und voller Wärme. Häufig kann man bei Verstorbenen entspannte und ruhige Gesichtszüge sehen. Ja, sehr oft kann man sogar ein Lächeln erkennen.

Das ist allerdings nicht immer so, wenn jemand durch Unfall, Mord oder Selbstmord starb. Ich habe leider viel zu oft schon solche Prozesse des Sterbens miterlebt, und in einem sind sie gleich: Sobald die Seele sich vom Körper löst, folgen auch bei einem gewaltsamen Tod nur angenehme Gefühle, und das Erleben unterscheidet sich in keiner Weise von dem Tod eines Menschen, der zufrieden zu Hause im Bett einschlafen darf.

Dies ist mir das Wichtigste bei diesem Thema: Ich habe es noch nie erlebt, dass jemand nicht mitbekommen hat, dass er gestorben ist oder dass er seinen Tod als grausam empfunden hat. Klar kommt es kurz vor dem Tod unter Umständen zu einer Panik und diese wird nicht als angenehm empfunden, doch dies sind nur wenige Sekunden, wenn es überhaupt geschieht.

Einmal hat mir ein verstorbener Mann erzählt, er habe im ersten Moment nicht gemerkt, dass er gestorben sei; er war in eine Schießerei hineingeraten. Der Tod kam total überraschend, er sagte: »Ich fühlte die Schüsse, doch sie schmerzten nicht, danach fühlte ich eine so unheimlich liebevolle Energie, dass ich mir nicht vorstellen konnte, dass dies der Tod sein soll! Doch dann sah ich meinen Körper leblos am Boden, und er war umgeben von liebevollen Verwandten und Führern aus der Geistigen Welt. Da begriff ich, dass ich tot bin. Doch statt Trauer zu empfinden, kam eine Freude in mir hoch, die ich zuvor nie erlebt hatte, denn ich fühlte, dass ich wieder zu Hause angekommen bin.«

Mich hat diese Aussage sehr berührt. Wir werden immer, soweit ich es bisher gesehen habe, von bereits verstorbenen Menschen und unseren Geistführern abgeholt, die sich sofort um uns kümmern und uns helfen, die Anpassungsphase zu durchleben. Sie unterstützen uns und sind für uns da. Nie, wirklich noch nie, hat mir ein Verstorbener erzählt, dass er allein und verlassen war, sondern alle wurden immer begleitet.

Auch wenn ich damals meine eigene Nahtoderfahrung eher als unangenehm erlebt habe, weiß ich heute, dass dies nur der Ablösungsprozess war. Wäre ich ganz in die Heimat hinübergegangen, hätte ich diese Augenblicke sicher vergessen und würde mich nur noch an die schöne Energie erinnern, die danach kam. Um das Ganze noch genauer unter die Lupe zu nehmen, habe ich mich von Bahars Schwester, einer Rückführungstherapeutin, in diverse Sterbeprozesse und vergangene Leben zurückführen lassen. Das war unglaublich spannend, und ich kann es jedem nur empfehlen, der Angst vor dem Sterben hat. Auch dabei habe ich das Sterben immer als etwas Wunderbares erleben können – und dabei bin ich nicht immer auf eine angenehme Weise umgekommen. Ich persönlich halte sehr viel von Rückführungen, allerdings braucht man dazu einen wirklich guten Therapeuten.

Ich möchte dir sagen: Wir können uns alle auf das Sterben freuen, denn wenn wir hier sterben, werden wir einfach an einem anderen Ort wiedergeboren. Im Grunde ist der Tod kein Sterben, sondern eine neue Geburt. Stell dir vor, bevor du hier auf der Erde gelebt hast, gab es dich schon in der Geistigen Welt. Dort bist du dann gestorben, um hier wiedergeboren zu werden. Wir sind ewig und werden immer bestehen. Dies ist mir durch meine Arbeit mehr als bewusst geworden.

Wenn Wunden heilen

Es gibt manchmal Momente, da frage ich mich schon, ob meine Arbeit Sinn macht. Gerade in Zeiten, in denen ich mich oft habe rechtfertigen sollen, ob mein Tun moralisch sei oder nicht, ob es gut sei, alte Wunden wieder aufzureißen. Da kommen mir schon mal Zweifel, und ich frage mich: »Ja, was für einen Wert haben meine Jenseitskontakte für die Menschheit?«

Diese Gedanken sind nie lange da; sie vergehen spätestens, wenn ich wieder eine Sitzung gebe oder mit jemand Vertrautem darüber rede. An einem Abend hatte ich wirklich starke Zweifel, da ich einfach sehr müde war und es mir gesundheitlich auch nicht sehr gut ging. Ich sagte zu Bahar: »Ich weiß nicht, ob meine Arbeit wirklich jemandem etwas bringt. Vielleicht hilft es ja für kurze Zeit, aber ich glaube nicht, dass ein Jenseitskontakt das Leben verändern kann. Vielleicht bilde ich mir alles nur ein? Vielleicht bin ich kein Medium! Es könnte doch sein, dass ich wirklich alles vom Gesicht oder vom Körper ablese und mir das einfach nicht bewusst ist.«

Bahar schaute mich an und lachte. »Das ist jetzt nicht dein Ernst, oder? Wo stehen im Gesicht des Klienten denn Namen, Todesursache, Daten und weitere Beweise geschrieben? Dass es etwas bringt, liegt doch auf der Hand. Schau dir die Menschen an, die du wiedertriffst: Viele haben die Liebe eines Menschen nochmals erfahren und haben dadurch Heilung erlebt.

Es geht um Heilung, und nicht einfach um Beweise! Es geht darum, was der Klient spürt und was ihn zutiefst berührt, nicht darum, was die Wissenschaft messen kann. Du sagst doch immer, ein Wissenschaftler kann die Liebe zu einem Menschen auch nicht messen oder beweisen, das ist der Wissenschaft unmöglich. Dennoch sind wir uns alle einig, dass Liebe existiert, oder etwa nicht? Und doch ist sie nicht beweisbar! Man kann sie nicht sehen, berühren oder messen. Sie ist aber erfahrbar, für jeden auf eine andere Weise.

Bei deiner Arbeit geht es um die Liebe, um die Verbindung zwischen Menschen, die sich geliebt haben, oder um Beziehungen, in die du durch deine Arbeit wieder Heilung und damit Liebe einfließen lassen kannst. Es geht nicht um Beweise oder darum, wissenschaftliche Prüfungen zu bestehen. Bei deiner Arbeit geht es einzig und allein um Heilung.«

Bahar findet einfach immer die richtigen Worte! Wenn ich sage: »Wenn es mir aber gelingt, Jenseitskontakte wissenschaftlich zu beweisen, dann ist das doch auch gut, oder?« Dann antwortet sie: »Ja, das kann ja dein Hobby sein, aber es ist nicht deine Berufung. Deine Berufung sollten Heilung und Liebe sein, die du den Menschen geben oder vermitteln kannst.« Und da muss ich ihr recht geben.

Ich möchte hier den Bericht einer Klientin einfügen, die auf ihre Art beschreibt, wie Wunden nach einer Sitzung heilen können. Ich habe viele Beispiele, die vielleicht noch eindrücklicher zeigen, wie eine Sitzung heilen kann, doch diese ist mir sehr gut in Erinnerung geblieben. Ich weiß noch, wie es zu der Sitzung kam. Mein Büro rief mich an und meinte: »Du, Pascal, morgen früh hast du keine Sitzung, wir hatten dir nur eine gebucht, und die Dame kann nicht kommen. Somit hast du Zeit, dich vor der anstehenden Buchtour zu erholen.«

Ich war froh und genoss meinen Abend. Später kam Bahar nach Hause und meinte: »Du, eine nette Dame möchte unbedingt in eine Sitzung, kannst du nichts machen? Ich weiß, du bist voll, aber schau mal, ob noch etwas geht!«

»Hmmm, morgen habe ich frei! Aber wenn es dir wichtig ist … Doch ich kann ja so spät nicht mehr anrufen und einen Termin vereinbaren …«

Doch auf die Bitten von Bahar hin habe ich noch sehr spät bei der Dame angerufen, und sie war sofort bereit, am nächsten Tag zu kommen. Hier nun ihr Bericht, den sie wie einen Brief an mich geschrieben hat.

Wo anfangen? Die Sitzung mit dir letzten Dezember war für mich fast wie eine vorerst letzte, gemeinsame Reise mit Nate. Ich konnte seine Gegenwart deutlich spüren. Seine klaren Aussagen hätten aber ohnehin keine Zweifel darüber zugelassen, wer da Botschaften schickt. Du hast sehr klar beschrieben, dass Nates Tod – trotz schwerer Krankheit – für uns überraschend gekommen ist. Ich habe ihn beim Nachhausekommen tot auf dem Balkon gefunden und mir ein Jahr lang Vorwürfe gemacht, dass ich nicht früher heimgekommen bin. Diese Vorwürfe haben mich fast aufgefressen. Doch Nate hat dir erzählt, dass er sehr froh war, dass ich ihm beim Übertritt in die Geistige Welt die Hand gehalten habe. Dies war auch so, jedoch war mir nicht bewusst, dass mein Nate das noch gespürt hat. Er hat dir auch mitgeteilt, dass er sich nicht allein gelassen gefühlt hat.

Auch hast du ja deutlich gespürt, dass Nate vor seinem Tod noch morphinähnliche Medikamente benötigte und sich deshalb manchmal wie in einem Dämmerzustand befand; auch dies ist richtig. Es macht für mich auch Sinn, wenn Nate sagt, dass er

bis zuletzt für mich stark war und mich nicht belasten wollte.
Und es berührt mich, wenn ich höre, dass er darauf stolz ist.
Ganz tief berührt hat mich auch Nates Aussage, dass er sehr
stolz auf mich ist, weil ich mich bemühe, wieder mehr unter
Menschen zu gehen, und dass er weiß, dass meine Situation ganz
schwer war. Ganz faszinierend war auch Nates Schilderung
über das Thema Streit. Es war tatsächlich schwierig, mit ihm zu
streiten. Als er dann noch lachend behauptet hat, dass wir nie
gestritten haben, hast du sehr treffend festgestellt: »Entweder
verarscht er mich jetzt oder er macht einen Witz!«

Er hat ganz offensichtlich seinen trockenen Humor noch und
betont ja auch, dass er jetzt kein Engel geworden ist. Nate hat
sich selbst sehr gut beschrieben. Er nahm es mit der Wahrheit
manchmal nicht so genau, er wollte nie zu viel von sich selbst
preisgeben. Dass seine Liebe zu mir aber ehrlich war, das wusste
ich immer, und es ist schön zu hören, dass er das auch weiß.
Wenn er mich bei dir »seinen Diamant« nennt, macht auch das
großen Sinn. Er hat es geliebt, mir Schmuck zu schenken, und
ich machte ihn auch einmal darauf aufmerksam, dass ich nur
zehn Finger, zwei Ohren und einen Hals habe! Es stimmt auch,
dass Nate sehr viele Menschen kannte, und es für ihn nie wich-
tig war, woher sie stammten und ob sie jung oder alt, wohl-
habend oder arm waren. Auch hast du richtig festgestellt, dass
diese Menschen nur den Nate kennengelernt haben, der Nate
vorgab zu sein. Ich staune noch heute, wenn diese Menschen
mir schildern, wie sie ihn wahrgenommen haben. Er hat es ge-
liebt, dass die Menschen ihn nicht fassen oder einordnen konn-
ten. Wie du auch übermittelt hast, waren Nates Mutter und ich
die einzigen Menschen, denen er sich als Nate gezeigt hat –
obwohl er sehr beliebt und für seine Redegewandtheit bekannt

war. Auch das mit den Fettnäpfchen hat er treffend beschrieben:
Wo immer eines stand, stellte er sich ohne zu zögern voll hinein.
Ganz faszinierend für mich war auch, dass du zielsicher fest-
gestellt hast, dass Nate Marlboro Rot geraucht hat.

Dass er bei dir abgestritten hat, Amerikaner zu sein, erstaunt
mich nicht. Er hat dir ja auch übermittelt, dass er von Amerika
und/oder den amerikanischen Menschen oft gekränkt und gede-
mütigt wurde. Er war Amerikaner, aber er schämte sich dafür;
deswegen macht es absolut Sinn. Du hast mir auch gesagt, dass
du Nate als spannend empfindest, als jemanden, der viel und
gern lacht. Einzig wenn das Thema auf Amerika komme, sei er
sehr kalt, abweisend und sogar laut geworden. Auch das passt
hundertprozentig!

Einer der Höhepunkte dieser Sitzung für mich war aber, dass
er mir dann noch ausrichten ließ, wie wunderschön er gekleidet
sei. Das hat bei mir innerlich einen Lachkrampf ausgelöst, und
du hast ja auch gesagt, dass Nate selbst lachte, als er dir das
sagte! Nate war sehr auf sein Äußeres bedacht und ein sehr
gepflegter Mensch. Aber wie du richtig bemerkt hast, war sein
Style nicht unbedingt das, was wir unter gängiger Mode verste-
hen. Es freute mich aber unsagbar, dass er mich wissen lassen
wollte, dass er immer noch so ist (auch deshalb liebe ich ihn
ja so – er hat seinen eigenen Stil und steht dazu). Ein weiterer
Höhepunkt war auch, wie er mich beschrieben hat. So wie du
mich kennengelernt hättest, ruhig und anständig, so sei ich gar
nicht – er hätte mich anders kennengelernt. Ich hätte laut wer-
den können, und du solltest dich von mir nicht täuschen lassen.
Er musste manchmal laut werden, damit ich ihm zugehört habe.
Stimmt vollkommen! Und gleichzeitig teilt er dir mit, dass man
mir hundertprozentig vertrauen kann; ich hätte ihn immer

wieder gedeckt, wenn er seine »Geschichten« an den Mann be-
ziehungsweise an die Frau brachte.

Auch sein Statement, dass wir immer wieder zusammen und
über uns selbst lachen konnten, stimmt voll – das hat uns oft
über schwierige Situationen in unserem Leben hinweggeholfen.
Mit meinem Kommentar zum Thema Gesundheit schieße ich
natürlich jetzt ein Eigentor. Es stimmt, dass ich ihn ermahnt
habe, was er tun oder eben nicht tun sollte. Dass ich im Moment
noch ziemlich viele Ratschläge betreffend meiner eigenen Ge-
sundheit in den Wind schieße, stimmt aber eben auch. Seine
Botschaft, dass er mich »dort oben« noch nicht sehen wolle,
kommentiere ich nun halt nach meiner Art: Nate braucht noch
viel Erholungszeit von mir!

Ich habe dich dann noch gefragt, ob Nate mich hören könne,
wenn ich ihm sage, dass ich ihn liebe. Du hast mir gesagt,
dass Nate mit dem ihm eigenen Humor antwortete: »Pascal,
glaub mir, ich höre das wie eine Platte, die einen Sprung hat.«
Und auch hier muss ich sagen: Nate, wie er leibt und lebte!
Und es stimmt, ich fühle, wie er und seine Liebe mich seit
unserer Sitzung jeden Tag begleiten. Ihm deshalb nicht mehr
zu sagen, wie sehr ich ihn liebe und vermisse, würde keinen
Sinn machen.

Auch dass er mir ausrichten lässt, wie sehr er sich wünscht,
dass ich wieder glücklich bin und lache, weil es dann auch ihm
gut geht, macht Sinn. Er wollte das immer für mich. Nate
hat dir auch gesagt, dass er und ich nicht nur ein Ehepaar wa-
ren, sondern Freunde. Ich habe das in seiner Todesanzeige
mit den folgenden Worten festgehalten: »Die Liebe meines Le-
bens, mein bester Freund und mein Seelenpartner ist nach Hause
gegangen.«

Dann noch seine Behauptung, nur er nenne mich Sam – das stimmt nicht mehr ganz. Außer meiner Familie nennen mich inzwischen alle Freunde Sam. Dass er mir den Kosenamen geschenkt hat, stimmt jedoch, und ja, am Anfang hat nur er mich Sam genannt, also stimmt es irgendwie doch. Es steht schlicht und einfach für: She's All Mine! Der Name macht mich glücklich, und er stimmt!

Du hast auch nach einem Büchlein mit einer Fotografie gefragt. Das machte im Moment keinen Sinn für mich. Heute ist mir klar, was Nate meinte. Ich habe in einem Nachschlagewerk ein Foto gefunden, das ich vor Jahren dort eingeklebt habe und das bei Nate und mir einen von unseren berüchtigten Lachanfällen ausgelöst hat.

Das Schwierigste für mich an dieser Sitzung war wohl die Frage nach Nates Bruder. Du hast mir gesagt, dass Nate ihm verziehen hat und dass er hoffe, dass dies auch mir helfe zu verzeihen. Ich muss ehrlich gestehen, dass ich das in diesem Leben vielleicht nicht mehr schaffe. Ich kann das Leid, die Trauer und die Verzweiflung nicht aus meinem Gedächtnis streichen. Denn Nate wurde sein Leben lang von seinem Bruder gedemütigt.

Darf ich zum Abschluss noch eine Nachricht für meinen Liebling geben? Nate the Great, you are and always will be the only one for me! Er wird es verstehen.

Dir, Pascal, möchte ich an dieser Stelle nochmals von ganzem Herzen danken. Deine Bücher, deine Seminare und diese Sitzung haben mein Leben verändert. Obwohl Nate mir noch jeden Tag fehlt, bin ich dankbar zu wissen, dass sein Leiden jetzt ein Ende hat und dass unsere Liebe nicht sterben kann. Er ist ja jetzt für immer bei mir ...

Für mich war es schön zu sehen, wie sich Sam nach der Sitzung verändert hat. Als ich sie das nächste Mal sah, hatte sie sich schön angezogen und sogar leicht geschminkt. Außerdem sah sie viel gesünder aus, und was mir am besten gefiel: Sie lachte, und ich hatte das Gefühl, dass sie wieder Freude am Leben gefunden hat. Wenn ich so etwas sehen darf, dann macht mich das unglaublich glücklich, und dann bin ich besonders dankbar, dass ich ein Botschafter für die Geistige Welt sein darf und dass ich meine Berufung gefunden habe. Dann weiß ich, dass meine Arbeit Sinn macht.

Wenn Kinder sterben

Dieses Kapitel ist sicher eines der emotionalsten. Vielleicht wird man mit der Zeit als Medium ein bisschen abgehärtet, weil man sehr viele Schicksale mitbekommt. Doch ist es für mich immer noch extrem schwer, wenn es um verstorbene Kinder geht. Denn der Schmerz der Eltern sitzt enorm tief; allerdings sehe ich gerade bei solchen Sitzungen, wie sehr meine Arbeit zur Heilung beitragen kann.

Oft werde ich von den Eltern gefragt, warum ihr Kind sterben musste. Wie man da noch an einen liebevollen Gott glauben kann oder an Schutzengel? Ich gebe es zu, es fällt auch mir manchmal schwer, einen Plan dahinter zu sehen oder das aus menschlicher Sicht zu begreifen. Doch möchte ich versuchen, hier eine andere Sichtweise aufzuzeigen. Mir ist bewusst, dass der Schmerz von Eltern, die ein Kind verloren haben, damit nicht einfach verschwunden sein wird, und doch hoffe ich, dass diese Sichtweise dem einen oder anderen vielleicht helfen wird, Heilung zu fördern.

Während ich dieses Kapitel zu schreiben anfing, meldete sich mein Geistführer sehr stark und bat mich, diese andere Sicht der Dinge niederzuschreiben. Ich denke, dass es nicht für alle leicht anzunehmen sein wird. Deshalb habe ich darüber auch noch nie näher geschrieben, da ich Angst hatte, man könnte es falsch verstehen oder mich gar als lieblos empfinden, und das möchte ich auf keinen Fall. Denn auch ich musste ab und zu mal schlucken, als mir mein Geistführer dies erklärte. Falls dir das hilft, was du nun lesen wirst, dann ist es gut – aber du musst natürlich nicht einer Meinung damit sein, denn jeder soll den Weg oder die Wahrheit wählen, die für ihn im Moment stimmen.

Also: Mein Geistführer, der Große Bär, gibt mir ganz klar zu verstehen, dass wir ein völlig falsches Schema im Kopf haben, wenn es um die Reihenfolge des Sterbens geht. Wir gehen davon aus, dass die Urgroßeltern zuerst sterben, dann die Großeltern, danach die Eltern und am Schluss die Kinder. Wir haben eine Reihenfolge für uns im Kopf – und deswegen empfinden wir es auch als weniger schlimm, wenn eine alte Großmutter stirbt, als wenn ein kleines Kind stirbt.

Doch diese Reihenfolge ist von uns gemacht. Vom natürlichen Ablauf her existiert keine Reihenfolge des Sterbens. Wenn wir in die Tierwelt schauen, wird uns sehr schnell bewusst, dass die Jungtiere dort häufig zuerst sterben. Und auch wir gehen nicht nach einer chronologischen Reihenfolge zurück in die Geistige Welt, sondern sterben dann, wenn wir unseren Lebensplan erfüllt haben.

Auch sagt mein Geistführer, dass wir immer noch in uns gespeichert haben, dass der Tod etwas Schlimmes sei, dass wir es sogar manchmal als eine Art von Bestrafung betrachten, wenn jemand stirbt – und das natürlich noch mehr, wenn jemand jung stirbt. Doch müssen wir uns bewusst machen, dass der Tod nie eine Strafe ist, sondern dass wir alle einen Lebensplan haben und hier auf der Erde sind, um diesen zu erfüllen.

Es gibt Seelen, die nur noch ganz wenige irdische Erfahrungen brauchen und deshalb nur für kurze Zeit auf die Erde kommen und dann früh wieder sterben, weil sie den Lernprozess hier beendet haben. Eigentlich sollten wir uns für die Seele freuen, dass sie ihr Ziel erreicht hat und nicht länger hier

150

sein muss. Denn im Grunde ist die Erde nicht gerade ein »Spielplatz«, zumindest nicht im Vergleich zur Geistigen Welt. Wir dürfen nicht vergessen, dass wir auf der Erde sind, um eben unsere Erfahrungen zu machen, und dass wir uns, bevor wir auf der Erde inkarnieren, unseren Lebensplan aussuchen, und zwar so, dass wir am besten vorwärtskommen. Sobald dieser Lebensplan beendet ist, dürfen wir zurück in unsere »wahre Heimat«, in die Geistige Welt. Es gibt also einfach Seelen, die müssen nicht achtzig Jahre oder älter werden, um den Plan zu erfüllen. Es gibt auch Seelen, die werden hundertdreißig Jahre alt und haben ihren Plan immer noch nicht erfüllt.

Zum Glück haben wir alle mehrere Inkarnationen Zeit, wir müssen nicht alles in einem Leben schaffen. Für Kinder, die früh sterben, heißt das nicht, dass sie nie mehr inkarnieren müssen. Es kann auch sein, dass sie sich für dieses Leben nicht viel vorgenommen haben. Wir bestimmen selbst, ob wir in einer Inkarnation viel oder wenig lernen wollen. Sicher haben wir unsere Geistführer und Engel auch in der Geistigen Welt an unserer Seite, die uns bei der Auswahl der wichtigsten Stationen unseres Lebensplanes unterstützen. Doch was wir am Ende auswählen, bleibt uns allein überlassen.

Manchmal sterben Kinder aber auch früh, weil sie ein Abkommen in der Geistigen Welt gemacht haben, und zwar mit den zukünftigen Eltern. Es kann sein, dass die Eltern in der nächsten Inkarnation einen großen Verlust erleiden müssen, um zu lernen, damit klarzukommen. Meist ist dies sogar der Fall, denn das Kind sucht sich seine Eltern aus, und dann müssen sowohl vom Kind wie auch von den zukünftigen Eltern her die jeweiligen Lebenspläne aufeinander abgestimmt sein.

Die Wahl der Eltern oder des Kindes ist also kein Zufall, sondern spiegelt die genaue Abstimmung der einzelnen Lebenspläne wider.

Mir ist bewusst, dass sich jetzt viele Eltern, die diese Zeilen lesen, sagen: »Ich würde mir doch nie selbst so etwas aussuchen!« Diese Reaktion macht für mich absolut Sinn. Doch wir dürfen Folgendes nicht vergessen: Wenn wir in der Geistigen Welt sind, dann sehen wir die Wahl nicht aus der Sicht eines Menschen, sondern uns ist ganz klar bewusst, welche Aufgaben wir lösen müssen, um voranzuschreiten. Unsere geistigen Berater stehen uns wie erwähnt zur Seite, um uns bei der Auswahl von Schicksalen zu helfen.

Wie die Eltern mit ihrem Schicksal umgehen, ist ganz unterschiedlich. Oft geben sich Eltern selbst auf und versinken in Selbstmitleid und Trauer. Doch genau dies sollten sie nicht tun! Ich weiß, dass es schwer ist, aber der gewollte Lernprozess besteht darin, auch aus dieser Trauer wieder herauszufinden.

Oft sagen mir die verstorbenen Kinder: »Sag meinen Eltern, sie sollen wieder leben! Ich bin gestorben! Sie aber nicht! Doch sie benehmen sich so, als wären sie gestorben! Sag ihnen, dass ich auch noch lebe und dass ich glücklich bin, wenn sie glücklich sind.« Ich habe sehr viel von der Weisheit von Kindern gelernt, die früh gestorben sind. Oft bemerke ich, dass solche Seelen viel weiter sind als andere Seelen, wenn man so etwas überhaupt sagen kann.

Es gibt aber auch die Kategorie von Eltern, die ein Kind verloren haben und ihr ganzes Leben um hundertachtzig Grad verändern. Viele Kinderschutzorganisationen und Kinderhilfswerke sind ins Leben gerufen worden, weil Kinder nach unserem Gefühl viel zu früh gestorben sind. Vielleicht war es für einige Seelen der Kinder auch nur die Aufgabe, den Eltern den Impuls zu geben, eine solche Organisation oder ein Hilfswerk ins Leben zu rufen.

Leider lernen wir oder verändern uns meist nur durch Schicksalsschläge. Wenn etwas nicht »gut« ist, erkennen wir, dass wir oder »man« etwas ändern müsste.

In diesem Zusammenhang sieht man auch, dass zum Beispiel der Name Luzifer – »Lichtbringer« – eine ganz andere Bedeutung hatte, als wir meistens glauben. Oft werde ich gefragt, ob ich an den Teufel oder Luzifer glaube. Ich sage dann immer: »Ja, doch, ich glaube, Luzifer ist der beste Freund von Gott, und er liebt Gott über alles, denn nur durch Luzifer können wir Gott erkennen! Leider lernt der Mensch in der Regel nur durch Schmerz und Leid; wenn es uns gut geht, verändern wir uns nur ganz selten. Wir brauchen wohl das Unangenehme oder eben Luzifer, den Lichtbringer.« Erst durch Luzifer, der für uns das Negative symbolisiert, verändern wir uns zum Positiven. Somit müsste man sich überlegen, ob Luzifer nicht in Wirklichkeit der verkannteste Engel ist, nämlich der positivste! Ich glaube, dass sein eigentlicher Name der spirituellen Wahrheit am besten entspricht. Doch ich möchte jetzt nicht zu weit von unserem Thema abweichen.

Mir ist wichtig, dass wir den Tod nie als eine Strafe ansehen, sondern uns für die betreffende Seele freuen können. Mit jedem Tod hier auf Erden beginnt ein neues Leben in der Geistigen Welt. Sicher finde ich es richtig und stimmig, dass man trauert, und ich denke, dass gerade der Tod von Kindern immer ein einschneidendes Erlebnis ist. Und ich weiß auch, dass meine Worte über einen höheren Sinn das Herz einer Mutter nicht wirklich trösten können – doch sollten wir sie im Hinterkopf behalten.

Fast alle Verstorbenen sagen immer wieder zu den Hinterbliebenen: »Du fragst dich, was du tun kannst, damit es mir gut geht, damit ich glücklich bin. Achte darauf, dass du glücklich bist und dass du das Leben in vollen Zügen genießen kannst! Dann bin ich glücklich!« Diese Weisheit kommt von Kindern und von Erwachsenen auf genau die gleiche Weise.

Ich habe auch schon mit vielen kranken, sterbenden Kindern zu tun gehabt. Für die meisten dieser Kinder ist der Tod etwas sehr Natürliches, und viele kennen keine Angst vor dem Tod. Luciano, von dem ich später noch mehr erzählen möchte, sagte zu seinem Arzt: »Ich habe keine Angst vor dem Sterben. Jeder muss sterben, ich sterbe einfach ein bisschen früher.« Ich habe mit vielen Kindern aus der Geistigen Welt kommuniziert und mit vielen, die eine tödliche Krankheit und ihr Schicksal tapfer angenommen hatten: Sie haben meistens ihre Eltern getröstet, nicht umgekehrt.

Für mich ist klar, dass der Todeszeitpunkt vorherbestimmt ist, nicht genau auf den Tag oder das Jahr. Doch man kann drei Tage, bevor ein Mensch stirbt, sehen, dass er sterben wird. Seine Aura verändert sich und bekommt einen hellen Schein, was schwer zu beschreiben ist. Aber diesen Schein sehe ich immer bei Menschen, die in den nächsten drei Tagen sterben. Es sieht für mich so aus, als ob die Seele sich schon langsam vom Körper zu trennen beginne. Ich sehe das aber wie erwähnt nicht nur bei einem natürlichen Tod, sondern genauso bei Unfällen, bei Mord, Selbstmord oder natürlich auch bei Krankheiten. Somit ist für mich klar: Kein Tod ist ein Zufall, auch wenn es für uns oft diesen Anschein hat.

Wenn ich hier von Aufgaben, Lernprozessen und Lebensplan spreche, heißt das nicht, dass wir das Leben schwer nehmen sollten und dass es uns nicht gut gehen darf! Ich bin absolut davon überzeugt, dass wir hier auf der Erde sind, um die
Fülle in allen Facetten zu erleben. Ich weiß, dass die Geistige
Welt dann glücklich ist, wenn es uns gut geht. So sollten wir
immer das Beste aus unserem Leben machen, und wenn wir
Probleme haben, sollten wir uns bewusst machen, dass wir
sie auch leicht lösen können und es keinen Grund gibt, ein
Problem größer zu machen, als es ist.

Die Aufgaben, die wir uns ausgesucht haben, sind nicht immer angenehm. Mach dir jedoch bewusst, dass du dir nichts
für deinen Lebensplan wählen kannst, was dich zerbrechen
ließe. Es sei denn, dass du dich dafür jetzt und hier auf der
Erde entscheidest. Wir sind Schöpfer auf der Erde, unsere Gedanken beeinflussen unsere Zukunft. Der Lebensplan bestimmt
sie nicht, sondern gibt nur Stationen an, die wir in diesem Leben erfahren wollen. Doch wie du mit den Stationen umgehst,
bleibt dir ganz allein überlassen. Da ist niemand, der über
dich bestimmt, sondern du bist der Schöpfer deines Lebens.

Noch ein bisschen genauer erklärt: Stell dir vor, dein Leben
ist eine Zugfahrt von Basel nach Hamburg, und die Stationen,
an denen der Zug hält, sind vorher bestimmt worden. Du
kannst sie nicht verändern, du musst diese Stationen passieren, um nach Hamburg zu kommen. Doch ob du bei einigen
Stationen länger verweilst, ob du aussteigst und später mit
einem anderen Zug weiterfährst, das ist ganz dir überlassen.
Auch was du an diesen Stationen erlebst, ist dir überlassen.
Das kannst du selbst bestimmen, und du entscheidest auch, ob
du an einer Station nur kurz verweilst und sofort weiterfährst,

ob du dich also von einem Schicksalsschlag gar nicht erst von deiner Reise abbringen lässt. Ich möchte klar sagen: Deine Zukunft ist nicht vorherbestimmt, nur die Stationen auf deiner Reise.

Wir müssen aber noch mehr beachten. Unabhängig davon, wie jung oder alt man jetzt ist, steht fest: Wir haben auch schon in vergangenen Leben Karma ausgelöst, und deshalb stammt nicht alles, was uns in diesem Leben begegnet, aus der jetzigen Inkarnation. Auch hierin kann ein Grund liegen, warum Kinder schon mit unheilbaren Krankheiten auf die Welt kommen. Doch wie gesagt, ist dies keine Strafe, sondern meist ein Abschluss eines anderen Lebens oder einer Aufgabe, die vielleicht im letzten Leben nicht vollbracht wurde.

Allerdings ist der Einfluss des Karmas nicht so groß, wie uns von Esoterikern oder Gurus oft erzählt wird. Auch wenn wir in diesem Leben ein Karma aus einem anderen Leben abtragen, dürfen wir uns bewusst machen, dass wir es in diesem Leben auflösen können und dass wir dem Karma nicht ausgeliefert sind.

Ich möchte nur ganz kurz erklären, was ich mit Karma meine – für jene Leser, denen dieser Begriff vielleicht noch nicht so bekannt ist. Karma ist das Gesetz von Ursache und Wirkung oder, wie Jesus sagte: »Du wirst das ernten, was du gesät hast.« Wenn ein Bauer Weizen pflanzt, kann er keinen Mais ernten. Er kann nur das ernten, was er gesät hat – und so ist es auch in unserem Leben. Jesus sagte: »Dir geschieht nach deinem Glauben.« Doch wer bestimmt unseren Glauben? Wir selbst! Wenn wir glauben, dass der Tod eines Menschen furchtbar und schlimm ist, werden wir genau das so auch erleben.

Ich habe schon mal kurz Luciano erwähnt und möchte nun einfach ein bisschen von ihm erzählen. Ich persönlich habe von Luciano erst erfahren, als er schon tot war. Doch durfte ich ihn nach seinem Tod ganz intensiv kennenlernen. Ich habe dieses Beispiel gewählt, weil ich denke, dass sich viele Kinder oder Jugendliche, die wissen, dass sie sterben müssen, in dieser Geschichte wiederfinden. Und ich hoffe, dass ich damit auch vielen Eltern Mut machen kann, mit den Herausforderungen, denen sie durch ein todkrankes Kind oder den Verlust eines Kindes gegenüberstehen, anders umzugehen. Als Sandra, die Mutter von Luciano, damals das erste Mal bei mir in der Sitzung war, hatte ich weder von ihr noch von Luciano etwas gehört.

Später hat Sandra bei uns viele Seminare besucht und die Trance-Healer-Ausbildung absolviert. So hatte ich Gelegenheit, immer mal wieder Luciano zu begegnen, und durch die lange Zeit, die ich Sandra jetzt kenne, habe ich beide näher kennengelernt. Mir blieb aber die erste Sitzung mit Luciano besonders stark in Erinnerung, denn ich war von der Weisheit und der Art, wie er mit mir kommunizierte, tief beeindruckt. Ich habe Sandra gebeten, einen kleinen Bericht darüber zu schreiben, damit du Luciano aus ihrer Sicht begegnen kannst und erfährst, wie sie die Sitzung empfunden hat.

Ich verlor meinen sechzehnjährigen Sohn am 12. August 2006 und wünschte mir nichts sehnlicher, als einfach nochmals Kontakt mit ihm zu haben. Aber ich konnte mir nicht vorstellen, auf welcher Ebene. Im Schweizer Fernsehen sah ich im Sommer 2008 das Interview mit einem jungen Medium, das mit Toten spricht. Nun, diese Vorstellung irritierte mich, aber sie interessierte mich auch sehr. Ich dachte: »Nun, Luciano, wenn du möchtest, dass ich mit dir in Kontakt trete, dann gib mir ein Zeichen.« Das Zeichen kam, und zwar am Montagmorgen in Form einer Zeitschrift. Pascal gab dort ein Interview in einer Schweizer Illustrierten. Ich dachte mir, mehrfach in kürzester Zeit mit »Jenseitskontakten« konfrontiert zu werden, das ist mein Zeichen. Ich wählte also die angegebene Nummer und meldete mich an.

Einige Monate später, am 30. Dezember 2008, fuhr ich für den Jenseitskontakt mit dem Zug nach Itingen. Es war mir unglaublich mulmig, denn es machte mir auch Angst, ich wusste nicht, ob ich diesen Schmerz überhaupt ertragen würde, wenn ich nochmals Kontakt mit meinem geliebten Sohn hätte. Ich konnte mir überhaupt nicht vorstellen, was auf mich zukommt. Meine Schwester kam zur Sicherheit mit und wartete im Vorraum. Schon bei der Begrüßung und beim Handgeben überraschte mich Pascal mit seiner klaren und ehrlichen Art. Denn ein blödes, abgehobenes Getue hätte ich überhaupt nicht ertragen – und es wäre auch nicht der Stil von Luciano gewesen. Pascal begann sofort und überzeugte mich mit seinen Äußerungen und Informationen. Teilweise war ich sehr erstaunt, denn es kamen Informationen, die so persönlich waren.

Ein lustiges Beispiel war, als Pascal plötzlich lachend sagte: »Das ist jetzt aber lustig, was er mir erzählt! Er will sich die Schuhe immer noch nicht binden.« Luciano weigerte sich zu Lebzeiten, Schuhe mit Schnürsenkeln anzuziehen, er liebte Turnschuhe mit Klettverschluss. Man stelle sich das vor, ein Jugendlicher, der immer noch nicht die Schuhe mit »diesem blöden Bändel« – Zitat Luciano – zubinden will! Pascal richtete mir anschließend aus, dass Luciano in der anderen Dimension immer noch Turnschuhe mit Klettverschluss trage. Humor war meinem Sohn sehr wichtig. Die Sympathie und auch, ob er einem Menschen trauen konnte, entschied er immer über dessen Humor. Dass Luciano diese Geschichte Pascal mitteilte, war für mich ein absolut sicheres Zeichen, dass er Pascal mochte und traute. Meine Tränen flossen und flossen, und ich war am Ende der Sitzung auf eine positive Art völlig erschöpft. Auch fand ich es sehr angenehm, dass ganz diskret eine Kleenexschachtel vor mir stand.

So viele persönliche und genaue Informationen von einem Menschen zu erhalten, den ich im Leben zuvor noch nie gesehen hatte, das musste ich erst einmal verdauen. Als ich nach einer Stunde aus dem Zimmer kam und zu meiner Schwester ging, sagte ich völlig aufgeregt: »Unglaublich, was Herr Voggenhuber alles wusste, das ist fast nicht nachvollziehbar.« Und sie meinte, sie hätte Gänsehaut, im Vorraum sei es während der Sitzung wie in einem Kühlschrank gewesen. Aber wir realisierten beide, dass es hier eigentlich richtig warm war. Ich war froh, dass ich eine CD mit dem ganzen Gespräch aufgezeichnet bekam und auch, dass ich noch mit meiner Schwester alles genau besprechen konnte.

Mein Mann erwartete mich schon sehnsüchtig und wollte sofort die CD abspielen. Er war völlig verblüfft, was Pascal alles sagte. Die schönste Äußerung von meinem sehr realistisch denkenden Mann war: »Ich glaube, ich muss meine Lebenseinstellung überdenken.« Das größte Geschenk war aber, dass es für mich wie eine große Heilung von einem riesengroßen Schmerz war. Ganz klar habe ich immer noch meine sehr, sehr schwierigen Tage und dann wieder bessere, aber die schmerzende Wunde ist verheilt, ich habe da jetzt einfach eine große Narbe. Ich *bekam nach der Sitzung auch wieder das Gefühl, dass ich etwas mit mir anfangen sollte und meldete mich sofort für einen Kurs bei Pascal an.*

Ich habe Sandra die Sitzung nacherzählen lassen, denn ich finde, dass dabei schön herauskommt, wie eine Mutter fühlt. Für mich ist es aber auch faszinierend gewesen, zu erfahren, wie Sandra mit der Aufgabe umgegangen ist, ein Kind zu haben, von dem sie wusste, dass es sterben wird. Ich weiß, dass Sandra genau so wie jede Mutter, die ihr Kind verliert, ihre Krisen hat und dass es auch oft in der Familie schwierig war. Ich kann mich noch an ein Seminar erinnern, bei dem auch sie teilnahm. Dort habe ich meinen Schülern erzählt, dass ein Mann und eine Frau einfach ganz anders trauern, was oft zu großen Problemen führt. Viele Männer oder Väter, die ihr Kind verloren haben, ziehen sich eher zurück, reden nicht gern darüber, leiden im Stillen. Frauen sind anders: Sie reden lieber über ihre Trauer, und wenn der Partner nicht mit ihnen spricht, fühlen sie sich allein und bekommen das Gefühl, dass der Tod dem anderen gleichgültig sei.

Sandra hat mich nach dem Seminar gebeten, das alles bei der nächsten Gelegenheit in einem Buch zu erwähnen, da sie es auch immer wieder bei »verwaisten« Eltern beobachtet hat. Mir ist es wichtig, dass wir uns bewusst machen, dass jeder Mensch anders ist und jeder seine Trauer anders verarbeitet. Der eine möchte darüber sprechen und der andere flüchtet sich in seine Welt oder sucht Ablenkungen im Außen, zum Beispiel im Beruf. Oft konnte ich durch meine Arbeit nicht nur über den Verlust eines lieben Menschen hinweghelfen, genau so oft hat eine Jenseitslesung auch Familien wieder zusammengefügt oder geholfen, dass man sich gegenseitig wieder besser versteht.

Doch zurück zu Sandra und ihrer Familie. Es gibt immer verschiedene Möglichkeiten, wie man mit dem Tod eines Kindes umgeht. Als Luciano noch lebte, hatte Sandra mit guten Freundinnen den Verein zur finanziellen Unterstützung der »Kinderspitex« des Kantons Zürich gegründet. Die »Kispex« ermöglicht unheilbar kranken und sterbenden Kindern, zu Hause eine möglichst hohe Lebensqualität zu erfahren. Denn vielen von uns ist nicht bewusst, dass für die Eltern enorme Kosten entstehen, wenn ein Kind ständig gepflegt werden muss. Sandra hat mir erzählt, dass sie Glück hatten und es ihnen finanziell immer gut ging, somit hatten sie diese Sorge nicht. Doch hat sie bei den vielen Krankenhausbesuchen zahlreiche Eltern kennengelernt, die dieses Glück nicht teilten. Da kam ihr die Idee mit dem Verein, und Luciano wurde sein Botschafter. Er sagte selbst: »Ich kann vielleicht nicht viel, aber was ich gut kann ist *schnorrä* (sprechen).«

Für mich ist es faszinierend zu beobachten, wie eine Mutter ein Projekt ins Leben ruft, das andere Eltern unterstützt, die in einer ähnlichen Situation sind. Noch faszinierender ist für mich Luciano, der in vielen öffentlichen Auftritten auf die Situation der Eltern aufmerksam gemacht hat, der wirklich ein Botschafter wurde, nicht nur für den Verein. Er hat sich auch mit anderen Jugendlichen getroffen, die den Tod vor Augen hatten, er hat mit ihnen geredet und ihnen Mut gemacht. Er hatte bestimmt selbst auch oft Angst, doch was ich kennengelernt habe, ist eine weise alte Seele, die ihr Schicksal angenommen hat und nicht im Selbstmitleid verkümmerte. Sie hat vielmehr anderen Menschen und Kindern neuen Mut gemacht. Luciano durfte während seines Lebens viele bekannte Persönlichkeiten treffen, und sogar der Dalai Lama war tief beeindruckt von ihm.

Auch heute noch, nach Lucianos Tod, gibt es den Verein »Kispex«, und ich weiß, dass viele Kinderschutzorganisationen, Gönnervereine, Selbsthilfegruppen und Kinderprojekte durch ähnliche Schicksalsschläge ins Leben gerufen wurden. Ich wollte mit diesem Beispiel einfach aufzeigen, dass es möglich ist, etwas Positives aus seinem Leben zu machen, egal, wie lange man auf der Erde ist, egal, wie hart man vom Leben getroffen wurde.

Ich hoffe, dass ich vielleicht einigen Lesern ein bisschen Mut mit der Geschichte gemacht habe, und wünsche mir, dass du – ganz gleich, welches schwere Schicksal du erlitten haben magst – für dich eine Erkenntnis daraus gewinnen kannst und vielleicht einen neuen Lebensweg findest, auf dem du sogar anderen Menschen helfen kannst, die in einer ähnlichen Situation sind.

Zum Schluss noch etwas, was mir auch wichtig ist zu vermitteln. Luciano hatte dieses Thema selbst einmal angesprochen, als er gefragt wurde, ob er denn Angst vor dem Tod hätte. Er sagte: »Nein, aber mir stinkt es, ›da oben‹ allein rumzusitzen! Außerdem werde ich das Essen vermissen!« Viele Eltern haben genau diese Angst, wenn sie zu mir in eine Sitzung kommen. Sie sagen: »Von unserer Familie ist noch niemand gestorben, den unser Kind gekannt hat. Es wird total allein sein!« Doch immer kann ich die Eltern beruhigen: Wir haben auch Verwandte in der Geistigen Welt, die weder wir noch unsere Kinder gekannt haben. Dennoch gehören sie in unsere Familie und werden in der Geistigen Welt auf das Kind auf-

passen. Außerdem haben wir unsere Geistführer und Schutzengel, die wir aus vielen Inkarnationen kennen und die wir
wiedererkennen, sobald wir gestorben sind. Es sind Freunde,
mit denen wir schon zig Jahre verbracht haben. Kein Kind,
keine Seele ist je allein – da bin ich mir hundertprozentig
sicher!

On Tour – oder: Manchmal ist es lustig

Ich denke, du wirst schon mitbekommen haben, dass der Beruf des Mediums nicht immer lustig ist und emotional auch recht anstrengend sein kann. Doch erlebe ich dank meines Berufes auch viele spannende Dinge. Ich durfte Orte und Menschen besuchen, die ich wohl sonst nie kennengelernt hätte. Gerade in den Jahren 2008 und 2009 war ich extrem viel on Tour und habe so einiges Interessantes und auch Lustiges erlebt. Viele hatten damals schon von mir gehört, doch waren ihnen mein Gesicht und Äußeres noch kein Begriff. Das hatte Vorteile; so wurde ich auf der Straße nicht so oft erkannt. Aber es gab auch Nachteile, die jedoch teilweise lustig waren.

Einmal hatte ich um vierzehn Uhr einen Termin mit einer Klientin ausgemacht. Damals habe ich noch Beratungen in meiner Privatwohnung gegeben. Kurz vor zwei klingelte es, ich machte die Tür auf und begrüßte die Dame, die mit mir den Termin hatte. Ich bat sie ins Sitzungszimmer und begann, ihr den Ablauf der Session zu erklären. So nach ein paar Minuten merkte ich, dass die Frau ganz nervös wurde, und ich fragte: »Fühlen Sie sich nicht wohl?«

»Doch schon, aber wann kommt endlich Ihr Vater und gibt mir die Sitzung?«

Ich verstand zuerst nicht ganz, da mein Vater damals schon längst verstorben war. Doch dann begriff ich: »Oh, Sie haben mit mir einen Termin!«

»Das kann nicht sein! Ich habe mit dem Medium Pascal Voggenhuber einen Termin, bitte holen Sie ihn!«

Ich kann dir sagen, es hat mich viel Mühe gekostet, diese Frau zu überzeugen, ich musste sogar meinen Pass holen, um zu zeigen, dass ich tatsächlich Pascal Voggenhuber und das Medium war. Die Frau konnte sich nicht vorstellen, dass ein so junger Mann diese Arbeit tun konnte.

Mein junges Alter war für viele Menschen früher etwas verwunderlich. Doch auch heute mit meinen dreißig Jahren finden es einige Klienten noch eigenartig, sich von mir beraten zu lassen. Viele denken immer noch, dass ein gutes Medium viel Lebenserfahrung haben muss. Meiner Meinung nach kann aber gerade die eigene Lebenserfahrung dabei im Weg stehen. Denn meine Aufgabe ist es nicht, meine Lebenserfahrung weiterzugeben, sonder ein guter Kanal, ein guter Botschafter der Verstorbenen zu sein und deren Botschaften weiterzugeben – nicht meine eigene Lebenserfahrung.

Zweimal wäre ich schon fast nicht zu meiner eigenen Buchvorstellung gekommen. Einmal wollten mich die Sicherheitsleute nicht zulassen, weil ich keine Eintrittskarte hatte. Als ich erklärte, dass es meine eigene Buchvorstellung und ich der Autor sei, begann der Securitymann zu lachen und meinte: »Du siehst normal aus! Ein Hellseher muss abgedreht aussehen, sonst ist er doch kein richtiger Hellseher!«

Ich wusste, dass ich mit Diskutieren nicht weiterkam, da er weder besonders freundlich war noch viel von meiner Arbeit hielt. So nahm ich meinen iPod, setzte mich vor die Buchhandlung und hörte Musik. Um zwanzig Uhr war kein Pascal Voggenhuber bei der Buchvorstellung; der saß draußen und hörte Musik. Zehn Minuten vergingen und der Securitymann wurde unruhig, er kam rüber zu mir und sagte: »Bist du wirklich Pascal Voggenhuber?«

»Ja, ich bin es immer noch!«

»Tut mir leid, bin halt kein Hellseher! Aber ich habe wirklich einen durchgeknallten Menschen erwartet!«

»Naja, komm doch mit rein und schau's dir an. Vielleicht bin ich ja doch durchgeknallt!«

Er kam dann wirklich zur Buchvorstellung mit hinein und verabschiedete sich später von mir, indem er meinte: »Ich muss wohl mein Bild über Hellseher korrigieren!«

Etwas Ähnliches passierte mir bei einer zweiten Buchvorstellung. Diesmal kam ich aber ohne Probleme hinein. Es waren schon sehr viele Leute anwesend. Ich setze mich immer gern erst mal nach hinten, um die Atmosphäre ein bisschen aufzunehmen und mich einzufühlen, welche Menschen da sind. Auch an diesem Abend setzte ich mich ganz nach hinten auf einen Tisch, der dort stand. Bald kam eine Dame und fragte, warum ich dort sitze. Ich sagte: »Ich will mich ein bisschen einfühlen.«

Sie schaute mich komisch an. Ich ging davon aus, dass sie wusste, wer ich bin, doch dies war nicht der Fall.

»Einfühlen? Haben Sie eine Eintrittskarte?«

»Nein, ich habe keine!«

Sie wollte mich rausschmeißen! Nach langen Erklärungen durfte ich dann aber bei meiner Buchvorstellung bleiben und den Vortrag halten. Wir konnten hinterher mit der Frau über die ganze Situation herzlich lachen.

Wenn ich in der Schweiz in einer Buchhandlung bin, werde ich oft gefragt, ob ich meine Bücher signiere. Das mache ich natürlich sehr gern. Da sich viele Buchhandlungen über signierte Bücher freuen, habe ich angefangen, auch von mir aus das Angebot zu machen. Das hat auch nie für Probleme gesorgt, sondern immer nur für freudige Gesichter. 2010 war ich mit Bahar in ihrem Heimatort Ingolstadt, und wir gingen in eine große Buchhandlung. Ich war erfreut, dass meine Bücher da waren, und fragte, ob ich sie signieren sollte. Die Buchhändlerin freute sich sehr.

Angestachelt von diesem Erfolg gingen wir in die nächste Buchhandlung. Auch hier fragte ich die Buchhändlerin, ob ich die Bücher signieren sollte. Doch die Dame schaute mich strafend an und meinte: »Haben Sie echt das Gefühl, wir lassen hier x-beliebige Leute Bücher signieren?«

Ich erklärte ihr dann, dass ich es nur gut gemeint hatte und sich die meisten Buchhandlungen darüber freuten. Erst als eine Kollegin der Dame sagte, dass ich wirklich der Autor dieser Bücher sei, zwang sie sich ein Lächeln ab – und ich durfte Autogramme in mein Buch schreiben.

Ein anderes lustiges Erlebnis hatte ich bei mir in der Praxis. Dazu muss ich ein bisschen ausholen. Ich sage meinen Schülern, die sich bei uns im Center zum Medium ausbilden lassen, wiederholt: »Fragt euren Klienten immer wieder, ob er eure Aussagen versteht, lasst ihn nicht nur nicken, sondern ganz klar Ja oder Nein sagen.« Diesen Satz haben meine Schüler immer und immer wieder gehört. Denn es ist wichtig, dass ein Medium nicht zehn Minuten lang etwas erzählt, und der Klient hat keine Ahnung, wovon es redet. Und weil er vielleicht gut erzogen ist, traut er sich nicht, zu unterbrechen.

Zurück also in meine Praxis. An diesem Tag hatte ich ein bisschen Stress, weil ich mit der Zeit in Verzug war. Ich ging ins

Wartezimmer, um meinen nächsten Klienten zu holen. Dort saßen zwei Damen. Ich begrüßte beide und sagte: »Maria, würden Sie mir bitte folgen?« Eine der Damen stand auf, lächelte mich an, gab mir die Hand und ging mit mir in mein Zimmer. Den Ablauf der Sitzung erklärte ich gar nicht groß, weil alle meine Klienten im Wartezimmer ein Blatt mit den nötigen Informationen finden.

Ich nahm sofort ihren Vater wahr und sagte: »Ich sehe Ihren verstorbenen Vater, ist es richtig, dass Sie mit ihm kommunizieren möchten?« Sie lächelte und nickte. Somit war für mich alles klar, und ich legte los. In regelmäßigen Abständen fragte ich, ob sie verstand, was ich mitteilte, und sie nickte immer ganz nett und lächelte freundlich. Das ging etwa zehn Minuten so, und plötzlich befiel mich ein komisches Gefühl. Denn keinem Satz, den ich sagte, folgte mal ein »Nein« oder ein »Weiß ich nicht«. Die Dame konnte jedes noch so kleine Detail absolut verstehen – jedenfalls glaubte ich das. Ich war selbst überrascht. Doch plötzlich wurde ich unsicher und meinte: »Maria, können Sie wirklich alles genau so verstehen, wie ich es sage? Ich bin schon gewohnt, dass vieles stimmt, aber bei Ihnen stimmt ja alles, was ich sage. Sie dürfen ruhig sagen, wenn etwas keinen Sinn macht oder wenn ich etwas genauer erklären soll.«

Sie schaute mich an und meinte dann in gebrochenem Deutsch: »Ich nix verstanden, nur sprechen Spanisch, Dolmetscher draußen!«

Ich saß da und schaute drein wie ein geklautes Auto, mir entfuhr sogar ein: »Mist!« Doch dann mussten wir beide lachen. Sie war so höflich, dass sie mich nicht unterbrechen wollte, und ich war so »hellsichtig«, dass ich nicht einmal gemerkt hatte, dass sie fast kein Wort Deutsch verstand. So bekam ich eine tolle Lektion und musste mich selbst an der Nase ziehen. Mit der Übersetzerin klappte es wunderbar, und auch dann ergab der größte Teil noch Sinn.

Mediale Hilfe bei Mord und bei Vermissten

Hier kommen wir zu einem sehr spannenden Thema, aber auch zu einem der schwierigsten, das mit am häufigsten missverstanden wird. Denn die Aufklärung von Mordfällen oder das Finden von vermissten Personen braucht eine enorme mediale Begabung und vor allem sehr viel Training. Viele Klienten denken immer: »Der ist doch hellsichtig, also müsste er doch wissen, wo XY ist.« Doch das ist für ein Medium nicht so leicht. Bleiben wir einmal bei vermissten Personen. Ich muss wieder vorausschicken: Ich schreibe hier nur aus meiner eigenen Sicht; für ein anderes Medium müssen die Zeilen hier nicht zwingend richtig sein. Mein Haupttalent ist es, mit Verstorbenen zu kommunizieren. Wenn jemand vermisst wird und noch lebt, ist es für mich sehr schwierig, Hinweise zu geben, da ich dann sensitiv arbeiten muss und mit keinem Verstorbenen medial Kontakt aufnehmen kann. Das Sensitive, also das Lesen von Energien von noch lebenden Personen, gehört nicht zu meinen Stärken, da ich das bei meiner Arbeit sonst kaum brauche.

Außerdem kann es beispielsweise sein, dass ich sehe, dass jemand in einem Keller festgehalten wird. Doch wenn ich das Bild von einem Keller bekomme, ist für mich noch nicht klar, wo sich der Keller befindet. Ein Keller sieht aus wie Tausende andere. Genauso, wenn ich sehe, dass jemand im Wald festgehalten wird, dann kann ich nicht sagen, wo der Wald ist. Ich könnte ihn vielleicht genau beschreiben, aber wenn wir die Wälder auf der ganzen Welt vergleichen wollen – sie sind sich einfach zu ähnlich. Es ist schon möglich, über ein Medium Vermisste zu finden, doch ist es wirklich enorm schwierig!

Es ist etwas leichter möglich, mithilfe eines Mediums Mordfälle zu klären, doch auch hier gibt es deutliche Grenzen. Bei Mordfällen helfe ich nur noch, wenn es eine direkte Zusammenarbeit mit der Polizei gibt, denn das ist sonst einfach zu heikel. Ich möchte keine Unschuldigen durch Aussagen belasten, die ich medial wahrnehme. Wenn ich mit der Polizei zusammenarbeite, kann ich alle Hinweise geben, die ich empfange, und es liegt dann an der Polizei, in die entsprechende Richtung zu forschen und genügend Beweise zu sammeln. Eine unvorsichtige oder auch nur zu ungenaue Aussage von mir kann im dümmsten Fall verheerend sein.

Das ist mir nur einmal passiert, und zwar war eine Klientin bei mir, um Kontakt zu ihrem Vater zu bekommen. Ich war mit der Sitzung fertig, aber ganz am Schluss sah ich noch sehr stark eine Freundin von ihr in der Geistigen Welt. Ich hatte nur noch fünf Minuten Zeit und wollte schnell, schnell eine letzte Botschaft übermitteln. Das sollte ein Medium nie tun, doch ich machte diesen Fehler.

Ich sagte: »Ich habe eine Freundin von Ihnen da, sie ist etwa fünfunddreißig Jahre alt, und sie erzählte mir, dass sie von ihrem Mann erwürgt wurde!«

Die Klientin wurde ganz bleich und sagte: »Ja, meine Freundin wurde vor drei Wochen erwürgt. Doch wir wissen nicht, wer es war.«

Da lief es mir kalt den Rücken herunter. Was, wenn ich jetzt einen Fehler gemacht und vielleicht einen unschuldigen Ehemann des Mordes beschuldigt hatte, und noch dazu vor einer Zivilperson. Ich bat die Klientin, meine Aussage zu vergessen.

Nach dieser Sitzung machte ich mir große Vorwürfe und beschloss, mich in Zukunft bei Mordfällen nur noch zusammen mit der Polizei um Aufklärung zu bemühen. Ein paar Wochen später konnte ich erleichtert aufatmen. Die Klientin rief im Büro an und erzählte, dass man den Ehemann festgenommen hatte und sich sicher war, dass er seine Frau umgebracht hatte. Doch es hätte auch anders kommen können, vor allem, weil ich unter Zeitdruck stand und die Botschaften, die ich bekam, nicht sauber überprüfte, bevor ich sie weitergab.

Gern möchte ich noch ein paar Beispiele von speziellen Fällen beschreiben, bei denen ich mitgeholfen habe. Zum Teil geht es hier um Kriminalfälle, die derzeit noch nicht ganz geklärt sind. Deswegen werde ich bei meinen Ausführungen besonders vorsichtig sein und auch keine Namen nennen – aus Rücksicht auf Opfer und deren Familien. Das wirst du sicher verstehen. Mir ist es auch wichtig, dass du weißt, dass ich bei den Polizeifällen immer eine schriftliche Bestätigung für die Zusammenarbeit verlange, denn ich möchte nicht eins von den Medien sein, die sagen, dass sie mit der Polizei zusammenarbeiten, es aber nicht nachweisen können.

Auch bin ich dankbar, dass es nur Einzelfälle sind, denn die Belastung für mich als Medium ist bei solchen Aufgaben enorm hoch, und meistens sind die Straftaten sehr grausam. Ich helfe gern – soweit es mir möglich ist –, vermisste Menschen zu finden oder Mordfälle aufzuklären. Doch muss man auch wissen, dass ich bei solchen Aufträgen keine Garantie geben kann.

Und ich möchte immer, dass Menschen auf mich zukommen, die direkt betroffen sind. Ich untersuche nichts, wenn ich zum Beispiel von Menschen beauftragt werde, die das Opfer oder die vermisste Person gar nicht kennen oder das Ganze vielleicht nur aus der Zeitung oder dem Fernsehen haben. Ich gehe auch nie von mir aus auf Familien zu, die einen Schicksalsschlag erlitten haben. Ich möchte mich nicht aufdrängen (wie manche Kollegen es offenbar tun), weil man damit den Menschen doch meistens nur falsche Hoffnung macht.

Da es wirklich enorm schwer ist, in solchen Fällen zu helfen, verlange ich nie Geld dafür, höchstens die Spesen, wenn ich für einen Auftrag ins Ausland muss. Es sind einfach keine »normalen« Fälle, wie ich sie in der Praxis habe. Sollte es zu einer Aufklärung kommen, können die Auftraggeber ja immer noch etwas an ein Kinderheim spenden oder so.

Ich suche übrigens auch keine vermissten Gegenstände oder Tiere. Das gehört nicht zu meinen Spezialgebieten, und wenn ich das hier nicht extra betonen würde, kämen viele Anfragen. Immer zur Weihnachtszeit bekommen wir gehäuft Bitten, ob ich nicht helfen kann, die Geschenke zu suchen. Zahlreiche Leute kaufen sie nämlich weit im Voraus und verstecken sie dann so gut, dass sie nicht mehr wissen, wo sie sind, wenn die Weihnachtszeit endlich da ist. Das ist kein Witz! Jedes Jahr haben wir bestimmt zehn Anfragen mit dem Wunsch, dass ich Geschenke suche. Das aber ist nun wirklich nicht meine Aufgabe, und das wird hoffentlich jeder verstehen können.

Gerade während ich an diesem Buch schrieb, habe ich eine Anfrage von einem Mann bekommen, ob ich nicht helfen könnte, seinen Vater zu finden, der seit drei Tagen verschwunden ist. Als ich die E-Mail las, wusste ich sofort, dass der Vater tot sein musste und wir ihn nicht lebend finden würden. Doch dies konnte ich nicht einfach so per Mail schreiben, denn ich wusste ja nicht, wie der Sohn das aufnehmen würde und in welcher Verfassung er war.

So vereinbarte ich für zwei Tage später einen Termin mit dem Sohn, da ich dann Urlaub hatte und Zeit fand. Die Mail ließ mich nicht los und immer, wenn ich an den Mann dachte, nahm ich sehr viel Wasser wahr und bekam das Gefühl von Ertrinken. Ich sagte mir aber immer wieder: »Das bildest du dir nur alles ein«, weil beim letzten Vermisstenfall, den ich klären konnte, der Leichnam im Fluss gefunden wurde. Doch das Gefühl ließ mich nicht los. Plötzlich bekam ich einen Tag später das Gefühl, dass es nie zu der Sitzung mit dem Sohn kommen sollte, da der Leichnam vorher gefunden würde – und ich sollte recht behalten. Als ich am Abend nochmals meine Mails anschaute, war eine Meldung von dem Sohn drin. Man hatte seinen Vater tot im Fluss gefunden.

Bei einem sehr ähnlichen Fall ging es um eine verschwundene Mutter. Ich war von Anfang an überzeugt, dass sie Selbstmord begangen hatte, und zwar, indem sie in den Rhein sprang. Man hat dann auch am Rheinufer persönliche Gegenstände von ihr gefunden, und die Polizei ging stark von einem Selbstmord aus. Doch wurde der Leichnam nicht gefunden, und so bat mich die Familie nochmals um Hilfe. Es war eine schier unmögliche Suche, denn man konnte an diesem Ort das Rheinufer weder zu Fuß ablaufen noch mit einem Auto abfahren. So blieb uns nur die Möglichkeit, mit dem Flugzeug das ganze Gebiet abzufliegen. Ich hatte noch nie zuvor während des Fliegens medial gearbeitet. Mir persönlich schien es unmöglich, doch wollte ich der Familie helfen. Denn ich kann gut nachvollziehen, wie schwer es sein muss, wenn man keine hundertprozentige Gewissheit hat, ob die Frau oder Mutter wirklich tot oder noch am Leben ist.

Doch schon, als ich in das kleine Flugzeug einstieg, bekam

ich klare Bilder von einer Einbuchtung: Eine unterirdische Höhlung, die tief hineinging – dort musste der Leichnam sein. Als wir dann starteten, verlor ich aber meine Zuversicht, denn der ganze Rhein war in dieser Gegend begradigt worden, es konnte also nirgends Einbuchtungen oder Unterspülungen geben.

Auf den ganzen fünfzig Kilometern, die infrage kamen, schien der Rhein keine Einbuchtung zu haben. Doch ich sah dieses Bild ganz klar und bat den Piloten weiterzufliegen. Auf einmal fühlte ich, dass wir ganz nah waren. Ich sah unten rechts die Einbuchtung, so wie ich sie hellsichtig wahrgenommen hatte. Ob sie unterspült war, konnte man aus der Luft leider nicht erkennen. Wir würden spezielle Hilfe brauchen, um dies genauer zu untersuchen.

Später bekam ich einen Bericht von der Familie. Leider wurde der Leichnam nicht gefunden, denn man konnte in die Einbuchtung nicht hineingehen. Es gab dort laut Polizeitauchern eine tiefe und starke Unterspülung, und die Polizei hielt es für möglich, dass die Überreste der Frau dort sein könnten. Man konnte jedoch niemanden hineinschicken, weil das Risiko für die Taucher dabei zu groß gewesen wäre. Somit ist bis heute noch nicht klar, ob man dort etwas gefunden hätte, und bis heute gibt es auch keine andere Spur.

Ich persönlich bin mir relativ sicher, da die Bilder sehr klar waren und es laut Polizei auch die einzige Stelle weit und breit ist, die auf meine Beschreibung passt, die ich hellsichtig wahrgenommen habe. Hier sieht man, dass es nicht immer ein klares Resultat gibt. Ich wünsche mir, dass die Familie dennoch bald ihre Ruhe finden und den Verlust überwinden kann.

Ich möchte hier noch eine sehr spezielle Geschichte erzählen, bei der es um Mord geht. Ich bitte um Verständnis, dass ich nicht alle Einzelheiten schildern kann, denn ich möchte sowohl das Opfer schützen als auch die Familie und mich selbst. Dieser Fall ist nämlich leider bis heute noch nicht vollständig geklärt. Mir wurde hierbei auch bewusst, wie gefährlich es für mich als Medium sein kann, bei der Aufklärung von Verbrechen mitzuwirken. Denn Fälle, zu denen Medien hinzugezogen werden, sind meist sehr schlimme Verbrechen, und die Täter sind zu diesem Zeitpunkt noch auf freiem Fuß. Auch wenn man als Medium ganz klare Indizien und Hinweise geben kann, die zur Klärung eines Verbrechens oder zum Namen eines Täters führen, sind solche Aussagen vor Gericht nicht zugelassen. Die Polizei muss dann für alle Aussagen Beweise liefern und das zieht sich Monate hin, wie wir an diesem Fall sehen werden.

Die Namen und Ortschaften werde ich natürlich nicht explizit nennen, sondern verfremden. Mir liegen jedoch schriftliche Bestätigungen von der Polizei vor, mit deren Hilfe sich der Wahrheitsgehalt von dem, was ich hier schreibe, überprüfen lässt.

Alles begann im Winter 2009. Ich hatte ein Seminar in einem Hotel in der Schweiz. Auf einmal kam die Chefin dieses Hotels mitten in die Veranstaltung und bat mich, doch schnell mal mit rauszukommen. Das fand ich ziemlich eigenartig, weil ich dort schon viele Seminare gegeben hatte und bis jetzt noch nie gestört worden war. Als ich vor der Tür war, sagte die Frau: »Herr Voggenhuber, die Polizei ist hier! Die Beamten warten oben, aber falls Sie jetzt nicht können, gehen Sie bitte heute Abend unbedingt auf diese Polizeistation. Es ist wichtig!« Mehr sagte sie nicht.

Ich geriet in Panik, da ich wusste, dass die Eltern von Bahar das erste Mal bei uns in der Schweiz waren und einen Ausflug machen wollten. Ich dachte: Wenn die Polizei hier ist, kann es nur etwas Schlimmes sein. Ich ging in den Seminarraum zurück und bat meine Schüler, sie sollten eine Pause machen. Oben traf ich auf die beiden Herren der Kriminalpolizei. Sie waren sehr höflich und baten mich, Platz zu nehmen. Der eine Polizist meinte: »Wir brauchen Ihre Hilfe! Wir kommen bei einem Mordfall nicht weiter und, na ja, vor einem Jahr schon haben wir gehört, dass Sie ab und an die Polizei unterstützen. Wir würden es gern probieren.«

»Gott, sei Dank!«, kam es aus meinem Mund. Die Polizisten schauten mich komisch an. Ich erklärte dann, dass ich mir Sorgen um meine Familie gemacht hatte und nun froh war, dass ihr nichts passiert war. Ich erklärte mich zur Zusammenarbeit bereit und bat die Polizisten, im nächsten Monat mit einem Angehörigen des Opfers, einem persönlichen Gegenstand und einem Foto in meine Praxis zu kommen. Leider konnte ich unmöglich einen früheren Termin finden.

Als es dann so weit war, war ich ziemlich nervös. In früheren Fällen wurde ich immer von Angehörigen beauftragt, und die gaben die Informationen an die Polizei weiter. Auch da war ich immer verwundert, dass die Polizei meine Hinweise sehr ernst nahm und wir dadurch bei einigen Fällen schon Klärung erreichen konnten. Doch zurück zu diesem Fall. Es kam nur ein Polizist in meine Praxis, zusammen mit der Mutter des Opfers. Später habe ich herausgefunden, dass die Kollegen nicht unbedingt heiß darauf waren, mit einem Medium zusammenzuarbeiten, und er der »Arme« war, der mitgehen musste. Für mich ist das verständlich, denn wie er sagte, melden sich fast täglich selbsternannte Hellseher und wollen Informationen geben, die meist so abstrus sind, dass man nicht mal auf die Idee käme, sie zu überprüfen.

Er sagte dann auch: »Ich bin extrem kritisch gegenüber dem, was Sie machen, und ich gebe zu, dass ich nicht wirklich daran glaube. Doch habe ich das Gefühl, dass es einen Versuch wert ist. Wir waren zudem überrascht, dass Sie kein Geld für diesen Auftrag wollen, und dies ließ uns hoffen, dass Sie seriös sind.«

Du kannst dir vorstellen, dass der Druck dadurch nochmals gesteigert wurde. Ich machte mir bewusst, dass ich nichts zu verlieren hatte, sondern unter Umständen helfen könnte. Ich sagte sowohl der Mutter als auch der Polizei, dass dies ein Versuch sei und nicht zu meiner täglichen Arbeit als Medium gehört, und auch, dass ich auf diesem Gebiet kein Experte bin. Ich erklärte den Ablauf der Sitzung und dass ich vorab nur wissen wollte, mit wem ich Kontakt aufnehmen sollte. Die Mutter meinte: »Mit meiner Tochter, sie war neunzehn Jahre alt.« Der Polizist sagte dann noch, dass der Fall schon etwa neun Jahre zurückliegt.

Bevor ich mit der Sitzung beginnen konnte, baute der Polizist Videokameras auf, damit alles festgehalten werden konnte. Sobald die Vorbereitungen abgeschlossen waren, begann ich. Für mich war es erstaunlich, wie schnell ich die Tochter wahrnahm, und ich wollte zuerst mal ein paar »normale« Beweise von ihr haben. Am Anfang, wie bei jeder Lesung, habe ich einfach den Charakter, den Wohnort und spezielle Dinge aus dem Umfeld der jungen Frau beschrieben. Dies ist mir immer wichtig, damit ich sicher sein kann, dass ich bei der richtigen Person bin und den Informationen vertrauen kann.

Dann wollte ich mehr über ihren Tod wissen. Ich bekam sehr bald das Gefühl, dass die Tochter saß, als ein Mann zu ihrem Arbeitsplatz hinstürzte und sie mit einer Waffe bedrohte. Ich konnte der Polizei die genaue Anordnung der Einrichtung und den Fluchtweg der jungen Frau beschreiben. Da war der Polizist schon das erste Mal überrascht.

Ich fühlte sofort, dass zwei Schüsse abgegeben wurden, und spürte auch, das einer davon in den Kopf ging. Einen weiteren konnte ich im Oberkörper lokalisieren. Auch dies konnte die Polizei bestätigen: Die Frau wurde von zwei Schüssen getroffen, einer ging in den Kopf und der andere in ihren Oberkörper. Ich fühlte auch, dass die Frau sofort starb, und als ich sie fragte, ob sie den Täter kennt, bekam ich das Gefühl, dass sie ihn zwar kannte, es aber niemand aus ihrem näheren Umfeld war. Außerdem hatte ich den Eindruck, dass es zwar einen Täter gibt, aber auch noch andere Leute in den Fall verwickelt waren und dass irgendwie das Thema Drogen eine Rolle spielte. Die Mutter konnte das nicht verstehen, doch der Polizist nickte nur und meinte: »Für uns macht das Sinn!«

Dann bat ich das Mädchen, mir klarere Informationen zu geben, doch ich fühlte, dass es für sie sehr schwer war, denn das Ganze ging alles enorm schnell und fand am helllichten Tag statt. Ich sagte, es müsste im Januar oder Februar gewesen sein, weil ich draußen Schnee liegen sah. Auch dies stimmte. Danach hörte ich auf einmal immer wieder einen Namen: Roberto! Immer und immer wieder hörte ich den Namen und fragte schließlich die Mutter: »Gibt es bei Ihnen in der Familie einen Roberto, oder können Sie mit dem Namen etwas anfangen?« Doch die Mutter verneinte. Der Polizist sprang mir jedoch fast entgegen und fragte: »Wie war der Name?«

179

»Roberto.«

»Aha, gut danke!« Er saß gleich wieder völlig relaxt auf dem Stuhl. Es war seine einzige Regung gewesen, die zeigte, dass irgendetwas, was ich vermeldet hatte, wichtig zu sein schien. Ich habe auch noch einige andere Dinge gesagt, die ich hier jetzt nicht genauer erwähnen möchte. Im Großen und Ganzen fand ich die Sitzung nicht gerade erfolgreich; mir waren es zu wenig genaue Details. Ich entschuldigte mich und sagte, dass ich mit dem Ergebnis nicht so zufrieden bin.

Doch der Polizist meinte: »Sie haben schon mehr gesagt, als Ihnen bewusst ist. Ich muss das mit den Kollegen besprechen. Würden Sie eventuell nochmals später eine Lesung machen?«

»Ja, klar!«

Die beiden verabschiedeten sich, und ich blieb allein in der Praxis zurück. Ich war verwirrt, denn für mich war die Beratung unter dem Durchschnitt. Doch war es auch schwierig, diese Sitzung objektiv zu beurteilen, denn weder die Mutter noch die Polizei hatten mir irgendwelche Hinweise gegeben, was genau passiert war oder worum genau es gehen sollte. Somit wusste ich nicht, was der Polizist zum Beispiel mit dem Namen Roberto anfangen konnte. Ich war mir eigentlich relativ sicher, dass ich nichts mehr von der Polizei hören würde. Doch ich sollte mich täuschen. Denn schon einen Tag später bekam ich von meinem Büro eine Mail von der Polizei weitergeleitet. Sie fragten, ob es vielleicht möglich sei, dass ich noch mehr Informationen bekomme, wenn ich direkt am Tatort bin. Für mich war klar, dass ich dann noch eine andere Möglichkeit hätte, ich würde dann nämlich sensitiv die Energie des Tatorts »lesen« können. Somit wäre es vielleicht auch möglich,

Dinge zu erfahren, die das Opfer gar nicht mehr mitbekommen hat, weil es schon tot war oder weil alles viel zu schnell ging. Ich willigte ein und sagte, dass ich es gern probieren möchte. Ich bat darum, dass ich noch eine Kollegin mitnehmen könnte, die auch Medium ist, da es schwer sein wird, am Tatort nach so langer Zeit noch genügend »Restenergie« von der Tat zu finden. Der Mord liegt ja schon Jahre zurück, und im Gebäude ist heute eine andere Firma. Der Herr der Polizei schrieb mir, dass sie das erst abklären müssten und er mir Bescheid gäbe.

Wir dürfen nicht vergessen, dass man als Medium natürlich auch Dinge erfährt, die nicht für die Öffentlichkeit bestimmt sind. So ist klar, warum die Polizei ganz oft auf eine Zusammenarbeit auch mit einem seriösen Medium lieber verzichtet. Auch muss man sich die folgende Situation vorstellen: Man geht als Polizist zu den Hinterbliebenen und sagt: »Wir kommen bei dem Fall nicht weiter, wir würden gern ein Medium einsetzen!« Das ist für die Polizei doch recht heikel, denn auch sie hat einen Ruf zu verlieren.

Gerade weil diese Abteilung jedoch den Mut aufbrachte, nicht über viele Ecken mit einem Medium zu arbeiten, sondern direkt, wollte ich meine Arbeit besonders gut machen.

Am nächsten Tag bekam ich Bescheid, dass ich meine Kollegin mitnehmen konnte. Zwei Wochen später trafen wir uns alle in der Nähe des Tatortes; meine Kollegin und ich verabredeten uns schon vorher. Ich erklärte ihr, was ich bis jetzt gemacht hatte, und versuchte ihr so gut wie möglich zu beschreiben, worum es ging. Doch viel konnte ich nicht sagen, weil ich eigentlich selbst keine klaren Hinweise von der Polizei bekommen hatte. Das war auch gut so, denn damit konnte ich sicher sein, dass mir bei den weiteren Ermittlungen nicht der »Kopf« in den Weg käme.

Schon bald kamen die Polizisten hinzu, diesmal waren sie zu zweit. Den einen kannte ich schon, der andere war der Abteilungsleiter. Der erste Polizist meinte nur zu mir: »Das Video vom letzten Mal war ziemlich überzeugend, heute wären viele gern mitgekommen!« Das war für mich natürlich ein Riesenkompliment. Ich muss überhaupt sagen, dass die Zusammenarbeit sehr positiv war und dass die Polizei zwar extrem kritisch – was ja auch richtig ist –, aber auch sehr offen und wertschätzend war. Dies hat natürlich dazu beigetragen, dass positive Ergebnisse erzielt werden konnten.

Wir machten uns auf den Weg zum Tatort, und ich war froh, dass die Grundrisse genau so waren, wie ich die Räumlichkeit gesehen hatte. Als ich mich in den Raum hineinfühlte, bekam ich immer das Gefühl von Videobändern, die fehlten, doch spürte ich auch, dass dieser Raum damals nicht videoüberwacht wurde. Dieses Gefühl tauchte immerfort wieder auf, und ich sagte zu den Polizisten: »Es tut mir leid, ich bekomme immer das Gefühl, dass Videos von Überwachungskameras fehlen, obschon ich weiß, dass dieser Raum nie videoüberwacht wurde. Können Sie das verstehen?«

Die Polizisten schauten sich nur an und notierten sich etwas. Keine Antwort! Ich versuchte, mich nicht aus dem Konzept bringen zu lassen, und schon hörte ich meine Kollegin von einem Nebenraum rufen: »Ich glaube, hier drin ist sie gestorben!« Ich ging hin und konnte nichts dergleichen wahrnehmen. Ich hatte eher ständig das Gefühl, dass sie im vorderen Teil des Geschäfts gestorben war. Das irritierte mich. Ich sah aber auch, hellsichtig und ganz klar, wie das Opfer aufstand und sich in den hinteren Teil flüchtete, als Schüsse fielen. Doch fühlte ich nah an der Wand im vorderen Teil, dass dort die Leiche gelegen haben musste.

Ich klopfte an die Wand und merkte sofort, dass sie hohl und nur ganz dünn war. Jetzt dämmerte es mir. Ich ging zurück zu meiner Kollegin in den Nebenraum und merkte, dass dieser parallel zum hinteren Raum und zum Vorderraum verlief. Ich fühlte mich nochmals in den Raum ein, meine Kollegin stand im Eingang und war sich sicher, dass die Leiche in diesem Raum war. Ich lief in den Raum nach vorn und auf einmal durchfuhr mich eine starke Energie, und ich meinte: »Genau hier muss die Leiche auf dem Rücken gelegen haben!«

Die Polizisten schauten sich an und meinten: »Ja, genau dort lag sie, und zwar auf dem Rücken.« Mir wurde jetzt auch bewusst, dass ich auf der Höhe des vorderen Raumes war und ich deswegen vorher in diesem Raum die Energie so stark wahrgenommen hatte. Meine Kollegin bekam dann noch klare Bilder von einem Mann, bei dem sie vermutete, dass es der Täter sein könnte oder dass er etwas mit der Tat zu tun hatte. Die Polizisten konnten einiges von der Beschreibung nachvollziehen. Nach einer halben Stunde beendeten wir das Ganze. Ich war sehr froh, denn ich sah immer und immer wieder die Bilder von der Tat und das ganze Blut – das war mir gerade ein bisschen zu viel.

Wir gingen kurz raus an die frische Luft, es war ein kalter Februartag, und die Kühle weckte wieder die Energie in mir. Die Polizei fragte uns, ob wir noch einen anderen Ort anschauen würden. Wir hatten nichts dagegen. Wo genau wir waren, kann ich nicht sagen. Er war nur ein paar hundert Meter vom Tatort entfernt. Schon als wir diesen zweiten Ort betraten, waren wir uns sicher, dass er mit der Tat in Zusammenhang stand. Ich spürte sofort wieder die verschwundenen Videobänder und sagte das den Polizisten. Einer zeigte mit dem Finger nach oben und ich sah dort einige Überwachungskameras.

Meine Kollegin war sich ziemlich sicher, dass es hier zu einem Treffen zwischen Täter und Opfer kam, doch wir konnten beide nicht herausfinden, ob das zufällig war oder ob sie sich dort verabredet hatten. Viel mehr konnten wir an jenem Ort nicht wahrnehmen, außer das Gefühl, dass der Täter dort oft war und es also einen Zusammenhang zwischen diesem Ort und dem Täter gibt.

Wir waren richtig geschafft, doch beide wollten wir der Polizei gegenüber keine Schwäche zeigen. Wir waren aber froh, als sie uns fragten, ob wir mit ihnen noch in ein Restaurant gehen wollten. Ich hatte enormen Hunger, mich musste man nicht zweimal fragen. Beim Essen fragten uns die Polizisten, ob wir vielleicht noch mehr Zeit hätten. Sie würden uns gern noch ein paar Fotos vorlegen, vielleicht könnten wir dazu etwas sagen. Weder ich noch meine Kollegin hatten etwas dagegen.

Nach dem Essen machten wir uns auf ins Polizeirevier und setzten uns in ein Büro. Der Polizist suchte acht oder zehn Fotos zusammen und legte sie uns vor. Er sagte uns, dass einige Tatverdächtige darunter seien und einige, die gar nichts mit dem Mord zu tun hatten. Relativ schnell konnten wir einen Mann ausschließen. Der Polizist meinte dann auch, dass dies der Freund des Opfers und nicht tatverdächtig sei.

Bei einem Mann spürten wir sofort, dass er »Dreck am Stecken«, aber nichts mit dieser Tat zu tun hatte – und auch hier gab uns der Polizist recht. Mich zog es magisch zu einem

Mann auf einem der Fotos: »Der muss was damit zu tun haben! Irgendwie zieht es mich immer dorthin.« Meine Kollegin zeigte dann noch auf zwei weitere Fotos und meinte: »Die zwei stehen mit ihm in Verbindung, da bin ich mir sicher!«

Der Polizist meinte: »Pascal, der erste Mann, auf den du gezeigt hast, ist dieser Roberto! Er ist für mich der Hauptverdächtige, und ja, die anderen beiden kennen ihn, und wir vermuten da auch eine starke Verbindung. Das Problem ist einfach, dass wir bis jetzt noch keine hieb- und stichfesten Beweise haben. Doch mit euren Angaben können wir jetzt dem Ganzen nochmals genauer auf den Grund gehen.«

Ich und meine Kollegin, und ich denke auch die Polizei, waren sehr überrascht, wie viele Übereinstimmungen es gegeben hatte. Doch hat mir dieser Fall auch ganz klar Grenzen aufgezeigt. Denn gehen wir einmal davon aus, dass wir den richtigen Täter identifiziert haben und alles stimmen würde, was wir gesagt hatten, dann müssen die Polizisten jetzt erst einmal genügend Beweise finden, und das kann sehr schwer sein, denn unsere Aussagen sind vor Gericht natürlich nicht als »Beweis« zugelassen.

Wie schon erwähnt ist dieser Fall noch offen, deswegen habe ich auf viele Details verzichtet. Obschon inzwischen einige Monate vergangen sind, bin ich überzeugt, dass die Polizei genügend Beweise finden wird und den Täter dann verhaften kann.

Ich wollte mit dieser Geschichte vor allem zeigen, dass sich gut ausgebildete Medien und die Polizei ideal ergänzen und sehr erfolgreich zusammenarbeiten können. Bestimmt nicht in jedem Fall, aber doch bei zahlreichen. Ich möchte mich an dieser Stelle auch bei der Polizei für das Vertrauen, die Offenheit und den Respekt mir und meiner Arbeit gegenüber bedanken.

Umgang mit Kritik

Lange habe ich mir überlegt, ob ich dieses Kapitel schreiben soll oder nicht. Doch da ich so oft danach gefragt werde, wie ich mit Kritik umgehe, habe ich mich entschlossen, hier einige Bemerkungen darüber zu notieren – in der Hoffnung, dass ich vielleicht sogar einigen Lesern, die auf einem ähnlichen Weg sind wie ich, ein bisschen Mut machen kann.

Ich persönlich kann echt von Glück reden, wenn es um Kritik geht. Ganz selten höre ich etwas Schlechtes, doch was für mich das Wichtigste ist: In meinem näheren Umfeld wurde ich nie kritisiert, und ich habe auch keine Freunde wegen meines Talents oder meines Berufes verloren. Natürlich ist es auch nicht so, dass jeder etwas damit anfangen kann.

Von sich aus sind nur drei bis vier Leute auf mich zugekommen und haben mich direkt ins Gesicht kritisiert. Meistens waren es aber selbst Medien oder Therapeuten, die nicht gerade vom Erfolg verwöhnt sind, und die Kritik war auch nicht konstruktiv, sondern einfach nur beleidigend. Das tut im Moment sehr weh, doch bei solch einer Kritik merkt man sehr schnell, warum man angegangen wird. Meistens liegt dem Ganzen ein persönlicher Mangel der kritisierenden Person zugrunde.

2007, als ich allmählich bekannter wurde, wollte ich am liebsten jedem beweisen, dass es seriöse Medien gibt und dass die Arbeit des Mediums ein ernst zu nehmender Beruf ist. Ich habe mich immer wieder der Presse gestellt und immer wieder dieselben Fragen beantwortet. Auch da wurde ich eigentlich nur einmal so richtig heftig angegriffen. Doch dieser Journalist hat nie mit mir ein Interview geführt. Er wollte es tun, doch hatte ich irgendwie das Gefühl, ich sollte ihm kein Interview geben. Ich habe auf mein Gefühl vertraut und ihm gesagt, dass ich derzeit keine Interviews gebe. Er war beleidigt und wurde richtig bösartig. Er schrieb seine Story, und die war so an den Haaren herbeigezogen, dass er sich eher selbst geschadet hat als mir. Denn jeder, der diesen Bericht gelesen hat, musste sofort merken, dass ein Journalist dahintersteckte, der mir oder der Sache einfach nur schaden wollte. Von diesem Zeitpunkt an wurde ich vorsichtiger, und doch habe ich mir gesagt, dass der Umgang mit der Presse enorm wichtig ist, denn dadurch können viele Menschen von meiner Arbeit und vor allem von der Geistigen Welt erfahren.

Mir ist bewusst, dass ich damit nicht alle erreiche und dass viele Menschen Esoterik oder Medien unseriös finden. Die werde ich mit meiner Pressearbeit auch nicht alle überzeugen können. Das habe ich in den letzen Jahren gemerkt und meinen Anspruch dementsprechend heruntergesetzt. Ich habe gelernt, dass gerade das Fernsehen »eine Geschichte« braucht, die sich gut verkaufen lässt, und dass dort nicht immer fair gespielt wird.

Doch einige TV-Auftritte habe ich hinter mir, in der Schweiz wurde sogar eine Dokumentation über mich gedreht, und in Deutschland war ich in einer der wichtigsten Talk-Shows. Für beide Produktionen musste ich vorher Testsitzungen geben und wurde von den Redakteuren geprüft; davon war dann während der Sendungen aber nie die Rede. Einmal wurde auch meine Zusammenarbeit mit der Polizei extra von den Beamten bestätigt, dann aber nur in einem Nebensatz erwähnt. Oft werden die Berichte von Sitzungen zudem auch so zusammengeschnitten, dass man als Medium nicht mehr glaubwürdig wirken kann.

Das finde ich einfach schade und traurig. Ich persönlich meine, guter Journalismus sollte neutral sein, den Zuschauer selbst zum Denken anregen und ihn nicht in die eine oder andere Richtung manipulieren. Doch muss ich auch sagen, dass ich dankbar bin, dass immer mehr TV-Sender den Mut haben, seriöse Berichte über Medien zu machen, und ich bin überzeugt, dass in Europa in Zukunft noch einige Sendungen entwickelt werden, die helfen, dass ein Umdenken bei den Menschen stattfindet.

Wenn ich auf meine letzten Jahre zurückschaue, habe ich eine enorme Medienpräsenz genossen und dadurch unzählige Menschen erreichen können. Und ich wurde nie persönlich angegriffen – auch wenn mal ein Bericht vielleicht nicht so freundlich und gut war. Wenn ich kritisiert werde, dann immer von Menschen, die nie bei mir in einer Sitzung waren oder mich noch nicht mal persönlich kennen. Denn Menschen, die sich bei mir beraten lassen, müssen für »schlechte Sitzungen« nicht bezahlen, und das finde ich nur fair. Denn gleich, wie viele Bücher ich schreibe oder wie viele Fernsehauftritte ich habe, bleibe ich immer noch ein ganz normaler Mensch. Ich habe schon mal Sitzungen in den Sand gesetzt und werde das leider sicher auch in Zukunft ein paarmal im Jahr tun.

Das ist normal, ich habe gute und schlechte Tage, und dies sollte jedem bewusst sein, der zu mir in eine Sitzung kommt. Du kennst ja bereits meine Grundregel: Für mich ist entscheidend, wer mich anschaut, wenn ich am Abend in den Spiegel

sehe! Ich möchte mich jeden Tag im Spiegel betrachten können – mit dem Bewusstsein, dass ich heute mein Bestes gegeben habe und ehrlich war! Und das unabhängig davon, was
geschrieben oder erzählt wird, denn ich allein weiß, was in
den Sitzungen an medialen Botschaften zu mir durchkam, und
ich allein muss dieses Karma tragen. Bis heute hatte ich noch
nie Probleme, in den Spiegel zu schauen, und ich hoffe, dass
dies immer so bleiben wird.

Spannend ist auch dieser Aspekt: Wenn ich kritisiert werde,
geht es meistens ums Geld. Man mosert, weil ich Geld mit
meiner Arbeit verdiene. Es geht den Leuten weniger um das,
was ich mache, sondern es sieht für manche so aus, als würde
ich im Grunde nichts tun, aber viel Geld verdienen. Somit haben die Bereffenden nicht Probleme mit meiner Arbeit, sondern damit, dass ich davon leben kann. Würde ich nicht davon leben können oder würde ich es kostenlos machen, dann
hätten viele gar kein Problem mit meinen Jenseitskontakten.
Den meisten ist gar nicht bewusst, wie viel Arbeit dahinter-
steckt, einige rechnen nur sofort aus, was ich an einem Tag
so verdiene, doch vergessen sie, dass ich gar nicht bis zu
acht Stunden pro Tag arbeiten könnte wie ein normaler Ange-
stellter. Das würde ich gar nicht aushalten. Die vielen Bilder
von den Todesursachen und die teilweise schweren Schicksale
könnte ich gar nicht mehr verarbeiten. Das vergessen die
meisten dieser Kritiker.

Manche sagen auch: »Mit einer Gabe von Gott darf man
kein Geld verdienen!« Erstens sehe ich es nicht als Gabe, sondern als Talent, genau so wie einer das Talent zum Singen oder
zum Laufen hat und damit Geld verdienen darf. Außerdem
muss auch ich von etwas leben. Wenn wir von Gottesgaben

sprechen, ist sogar die Bibel voll von Aufforderungen, im Wohlstand zu leben. Spannend ist dabei das Wort »Wohlstand«, er tritt ein, wenn alles zum »Wohl steht«.

Es ist zudem wichtig, dass man sich nicht mit persönlichen Alltagssorgen belastet. Wenn ich jeden Tag um mein Überleben kämpfen müsste, wenn meine Gedanken voller Sorgen wären, wie ich die nächste Rechnung bezahle, dann wäre mein Kopf nicht frei für die Botschaften von der Geistigen Welt. Ich wäre zu belastet. Zudem ist eine spirituelle Entwicklung gar nicht möglich, wenn ich mich ums Überleben kümmern muss. Deshalb ziehen sich manche Menschen in Klöster zurück und leben in scheinbarer Armut, doch man darf sich das auch mal genauer anschauen: Sie bekommen dort täglich Essen, haben ein Dach über dem Kopf und müssen sich um nichts Weltliches kümmern. Ich glaube nicht, dass dies wirkliche Armut ist, sondern man ist im Hinblick auf die eigenen Grundbedürfnisse versorgt, man ist abgesichert.

Ich persönlich sehe es nicht als meine Aufgabe an, in einem Kloster oder abgeschieden in der Ferne als Einsiedler zu leben, sondern ich möchte hier im normalen Alltag ein Botschafter für die Geistige Welt sein. Ich möchte die »normalen« Menschen erreichen, und deswegen muss ich mich auch dem Leben im Hier und Jetzt anpassen. Ich möchte auch deshalb nicht kostenlos arbeiten, weil ich ja sonst dem Staat auf der Tasche liegen würde und meine Mitarbeiter auch. Ich meine, es wäre ja auch nicht gerade eine sehr spirituelle Einstellung, andere (einschließlich der Steuerzahler) für sich arbeiten zu lassen.

Irgendwie steckt ja mehr hinter dieser Diskussion: Ich finde, wir sollten uns von den alten Mustern lösen, die uns hindern, erfolgreich zu sein. Spannend ist: Man zeigt immer auf erfolgreiche Menschen, man ist ständig damit beschäftigt, sich mit anderen zu messen! Der hat ein größeres Auto, dessen Frau ist schöner, sie ist dünner, er hat größere Muskeln, sie verdient mehr und und und … Das ist für mich ein Armutszeugnis. Statt meine Energie mit Lästern zu vergeuden, suche ich lieber nach Varianten, um etwas aus meinem Leben zu machen, um meine Berufung zu leben. Dann muss ich nicht eifersüchtig sein und mit dem Finger auf andere zeigen. Dann kann ich mich freuen, für jeden Menschen um mich, der etwas Schöneres oder Größeres hat, weil ich selbst gar nicht im Mangelbewusstsein bin, sondern weiß: Wenn ich dies auch möchte, dann erschaffe ich mir das.

Dazu braucht es aber auch den Mut, seinen eigenen Weg zu gehen, und den Mut, mit dem Finger auf sich zeigen zu lassen! Hast du den Mut? Gut, dann geh deinen Weg! Bedenke: Wir leben im Resonanzgesetz, wir ziehen das an, was uns entspricht. Hab den Mut, viel zu geben, hab aber auch den Mut, viel dafür zu erhalten. Genau hier ist der Knackpunkt! Viele Menschen geben viel, aber haben Angst, auch das Entsprechende anzunehmen. Aus Angst, man könnte schlecht über sie reden oder mit dem Finger auf sie zeigen. Viele sagen sogar: »Ich bin bescheiden, ich brauche nichts zum Leben!« Doch wer nichts hat, kann nichts mit anderen teilen! Ein wahrer Bescheidener muss auch nicht zeigen oder sagen, dass er bescheiden ist: Er muss seine Wohltat nicht zur Schau stellen, sondern er ist sogar zu bescheiden, seine Bescheidenheit zu zeigen.

Für mich betreffen Erfolg und Wohlstand nicht nur Geld, sondern sind auf jeder Ebene des Lebens präsent. Hör auf, Angst zu haben! Lass es dir gut gehen. Wir sind programmiert, ständig jedem zu erzählen, was in unserem Leben nicht gut ist. Das erlebe ich tagtäglich, wenn die Leute fragen: »Na, wie geht es?« Dann sage ich: »Super, danke, mir geht es richtig gut!« Doch nun sind viele Leute geschockt, das wollen sie nicht hören. Das liefert kein Gesprächsthema, lieber hören sie: »Oh, schlecht! Mein Rücken macht mir Sorgen, und mein Chef ist schon sehr schwierig!« Da gibt es reichlich Stoff zu tratschen! Doch ist dies Reichtum? Mach dir bewusst: Du bist Schöpfer, gleich, was du in deinem Leben machst oder auf welchem Weg du gehst. Schau, ob es dein Weg ist oder ob du den Weg von anderen lebst.

Ich habe mich entschlossen, meinen Weg zu gehen, egal wie viele Hände mir zujubeln oder wie viele Finger auf mich zeigen. Ich möchte, wenn ich auf mein Leben zurückschaue, ganz klar meine Fußabdrücke sehen und nicht bemerken, dass ich mit der Masse mitgelaufen bin. Ja, manchmal ist man dadurch allein, aber lieber allein und glücklich als in einer Menge mit depressiven Menschen. Die ganze Schöpfung ist Fülle und Überfluss! Werde auch du Teil dieser Schöpfung! Denn wer viel hat, der hat auch viel zu geben, egal auf welcher Ebene.

Häufig gestellte Fragen

Wenn ich sage, dass ich ein Medium bin, werden mir im Grunde immer dieselben Fragen gestellt. So ist es vielleicht ganz hilfreich, wenn ich hier einige der häufig gestellten Fragen beantworte. Ich habe dieses Kapitel in eine Art Interviewform verpackt und versuche, immer kurz und bündig zu antworten.

Wenn dich jemand nach deinem Beruf fragt, sagst du immer, dass du Medium bist?
Wenn ich ehrlich bin, nein. Oft sage ich, ich bin Buchautor, doch dann kommt natürlich sofort die Frage: »Was für Bücher schreiben Sie?« Es kam auch schon vor, dass ich mich als Yogalehrer ausgab. Besonders lustig ist es, wenn Bahar dann daneben steht, die ja weiß, wie (un-)talentiert ich im Yoga bin! In der Schweiz kennen mich aber schon sehr viele. Sobald ich meinen Namen sage, der ja auch nicht gerade der gängigste ist, merken die meisten, wen sie vor sich haben. Doch bis jetzt haben alle immer sehr nett reagiert.

Wie sehen wir aus, wenn wir gestorben sind?
Blutverschmiert? So wie im Film »The Sixth Sense«?
Nein, wir haben im Grunde genommen kein physisches Erscheinungsbild mehr. Da wir keine Körper mehr haben, sind wir reine Energie, die sich aber mir als Medium so zeigen kann, wie sie früher ausgesehen hat, als sie noch auf der Erde in einem Körper war. Nur so kann ich die Verstorbenen be-

schreiben. Doch blutverschmiert sehe ich nie jemanden, außer wenn sie mir zeigen, wie oder woran sie gestorben sind. Dann kommt es schon vor, dass ich mit meiner Hellsichtigkeit Verletzungen und Blut wahrnehme. Doch hat das dann einen Grund, warum die Verstorbenen mir dies zeigen. Sie wollen einen Beweis liefern und nicht jemanden erschrecken. Allerdings kann das manchmal ziemlich gruselig sein, wenn ich ehrlich bin.

Ich bin jetzt katholisch, bin ich das in der Geistigen Welt auch noch?

Gute Frage! Nein! In der Geistigen Welt gibt es keine Unterteilung für Juden, Moslems, Buddhisten, Christen. Niemand sagt, die Juden bitte geradeaus gehen, die Christen dort in diesen Raum und die Moslems ganz nach vorn. Wir werden erkennen, dass alle Religionen von Menschen erschaffen wurden und dass es in der Geistigen Welt keine Religion mehr braucht, weil dort bedingungslose Liebe besteht. Auch werden wir erkennen, dass wir alle – gleich, welche Religion wir auf der Erde haben – ein Aspekt von Gott sind, dass wir alle eins sind. Schade, dass wir dies nicht auf der Erde erkennen, dann könnten wir uns viel Blutvergießen ersparen.

Geht jeder ins Licht?

Ja! Mehr sag ich dazu nicht mehr.☺

Auch Mordopfer und Selbstmörder kommen sofort ins Licht?

Ja, klar, jeder kommt sofort ins Licht. Mit anderen Aussagen von Zwischenwelten und so weiter lässt sich einfach besser Geld verdienen oder es hat mit dem Glauben des Mediums zu tun. Wenn jemand so erzogen wurde und an das Prinzip von Himmel und Hölle glaubt, kann er das so wahrnehmen oder so interpretieren, doch das ist nicht die Realität. Nochmals ganz klar: Für mich ist es bis zum heutigen Tag absolut sicher, dass wir alle an einen guten Ort gehen. Solange ich nichts anderes gesehen habe, werde ich nichts anderes erzählen, egal in wie vielen Büchern das Gegenteil steht. Ich berichte nur von meinen Erfahrungen und was ich selbst sehe – nicht aber von dem, was mein Verstand gelernt hat. Ich sage damit aber nicht, dass ich bei allem absolut recht hätte! Darauf erhebe ich keinen Anspruch. Doch bei der Frage nach dem Licht bin ich mir ziemlich sicher, dass ich das richtig wahrnehme.

Ich habe Angst vor Verstorbenen. Was mache ich, wenn ich keinen Verstorbenen um mich haben möchte?
Zunächst ist es mal wichtig zu wissen, dass du keine Angst haben musst. Es gibt nichts, was dir Verstorbene antun können. Doch es gibt Orte, da möchte ich auch keine Verstorbenen dabeihaben: im Schlafzimmer, auf dem Klo oder unter der Dusche. Obschon ich überzeugt bin, dass die Verstorbenen nichts sehen würden, was sie nicht schon zu Lebzeiten gesehen haben, aber trotzdem. Man möchte ja schließlich auch seine Privatsphäre haben. Die meisten von uns sehen ja zum Glück die Verstorbenen nicht, aber ich sehe dann doch Verstorbene, wie sie im Klo neben mir stehen.

Als ich noch in der Ausbildung war, hatte ich an einem Abend eine Jenseitsdemonstration, ich gab also öffentlich Jenseitskontakte für Menschen, die im Publikum saßen. Ich befand mich gerade in einer absoluten Krise. Es fiel mir in den letzten Wochen schwer, überhaupt noch etwas mit meinen

Hellsinnen wahrzunehmen, und nun hatte ich meine erste öffentliche Demonstration. Ich konnte den ganzen Tag niemanden wahrnehmen, nichts! Ich war am Verzweifeln, doch als ich kurz bevor ich auf die Bühne musste, noch aufs Klo ging, nahm ich auf einmal eine Frau neben mir wahr. Sie erzählte mir, dass sie die Mutter von einer Dame im Publikum ist. Ich bat sie, schnell zu warten. Ich schloss mein Geschäft auf dem Klo ab und bat die Dame dann mitzukommen. Es wurde eine schöne Demonstration.

Ich konnte allerdings nicht verstehen, warum die Dame sich meldete, während ich auf dem stillen Örtchen war. Als ich meinen Lehrer danach fragte, lachte er und meinte: »Das kenne ich. Was machst du, wenn du pinkelst? Du wirst dich dabei entspannen und loslassen. Vorher warst du viel zu angespannt. Da hat die Geistige Welt keine Chance, um zu dir durchzudringen, somit haben sie eben diesen Moment auf dem Klo genutzt.«

Doch zurück zur Frage: Ich habe meinen Geistführern klar gesagt, dass ich nur in Ausnahmesituationen an solchen Orten einen Verstorbenen oder Geistführer wahrnehmen möchte. Daran halten sich alle, und auch du kannst dies machen, auch wenn du vielleicht die Geistwesen nicht siehst. Sag deinem Geistführer, dass dies dein Wunsch ist, und er wird dafür sorgen, dass dann keine Verstorbenen um dich herum sind. Doch löse dich lieber von der Angst, denn es gibt wirklich nichts, was dir Angst machen sollte. Ich habe mehr Angst, wenn ich nachts durch eine Stadt laufe, als wenn ich Verstorbenen begegne.

Glaubst du an Reinkarnation? Wie funktioniert das?

Ja, ich glaube absolut an Reinkarnation, für mich ist dies keine Frage. Ich habe mich dazu in anderen Büchern schon ausführlich geäußert, deswegen gehe ich jetzt nicht im Detail darauf ein. Wir müssen uns einfach bewusst machen, dass Reinkarnation nicht ganz so einfach ist, wie wir uns das vorstellen. Es ist nicht so, dass eine Seele in deinem Körper ist, die dann bei deinem Tod in den Himmel geht, dort ein paar Jahre verweilt und sich dann einen neuen Körper aussucht. Deine Seele ist mehr als nur dieser Aspekt, der in deinem Körper inkarniert hat. Während du hier auf der Erde lebst, ist ein Teil deiner Seele in der Geistigen Welt, denn du lebst nicht nur in deinem Körper. Es kann sein, dass der Aspekt, der hier im Moment auf der Erde ist, nach deinem Tod Hunderte oder Tausende Jahre in der Geistigen Welt bleibt und nun andere Aspekte deiner Seele in einem anderen Körper inkarnieren, dennoch würden sie bei einer Rückführung auch die Leben von deinem Aspekt jetzt erleben können. Auch dein Karma beeinflusst andere Aspekte deiner Seele, so wie auch du jetzt vom Karma vieler Aspekte deiner Seele beeinflusst wirst. Kompliziert? Ja, doch wichtig ist: Du lebst ewig! Du bist ein reines Geistwesen, du kannst nicht sterben, die Aspekte deiner Seele werden immer wieder in verschiedenen Körpern inkarnieren.

Kann ich auch zu dir kommen, wenn ich nichts zu klären habe? Wenn ich einfach mal schauen möchte, wie es meinem Vater geht?

Im Grunde genommen ja, doch bei mir ist die Wartezeit für einen Termin enorm lang. Deswegen bitte ich immer darum, dass die Menschen nur dann zu mir kommen, wenn es wirklich Heilung braucht. Nicht immer muss dahinter eine unglaublich tragische Geschichte stecken. Früher, als man noch recht schnell drankam, passierte es oft, dass Menschen einfach Beweise für ein Leben nach dem Tod wollten oder aus Neugierde eine Jenseitslesung wünschten. Dem kam und komme ich gern nach, doch natürlich möchte ich lieber dort meine Hilfe anbieten, wo ich wirklich gebraucht werde. Wenn man nichts zu klären hat, kann man auch nicht besonders viel von einer Beratung erwarten. Das ist, wie wenn man mit guten Zähnen zum Zahnarzt geht – dann muss er auch nichts machen. Sicher kann er überall ein bisschen reinigen und einige Stellen ausbessern, doch kann man keine Wunder erwarten, weil alles schon gut ist.

Ich persönlich sage immer, nur aus Spaß oder Neugierde sollte man keinen Jenseitskontakt herstellen. Man sollte wirklich den tiefen Wunsch haben, mit der verstorbenen Person nochmals in Kontakt treten zu können. Für mich ist eine solche Verbindung etwas enorm Schönes und auch Heiliges. Wir dürfen die Verbindung allerdings auch einfach dazu benutzen, die Liebe zu spüren oder unsere Liebe an einen Menschen weiterzugeben, der nicht mehr bei uns auf der Erde weilt.

Was ist mit Komapatienten?
Bei Vorträgen kommt oft die Frage, was denn mit Komapatienten ist oder ob ich auch mit Komapatienten kommunizieren kann. Ja und nein. Es kommt immer wieder mal vor, dass ich statt eines Verstorbenen mit einem Komapatienten in Kontakt trete, doch dies passiert dann immer ohne mein Wissen. Ich kann mich noch gut an eine bestimmte Jenseitsdemonstration erinnern: Es waren etwa dreihundert Leute dabei, ich beschrieb

einen jungen Mann in vielen Details und fragte dann das Publikum, ob das jemandem etwas sagen würde. Niemand meldete sich; ich stand vor dreihundert Leuten – und niemand konnte meine Infos verstehen. Es trat eine peinliche Stille ein, und ich fragte nochmals: »Kann das wirklich niemand verstehen, ich bin mir sicher, dass die Mutter von dem jungen Mann hier ist.«

Eine Dame meldete sich und meinte: »Ich kann alles verstehen! Absolut alles, aber …«

»Stopp!«, sagte ich, denn ich wollte keine zusätzlichen Informationen – und das war mein Fehler. Ich fragte den jungen Mann, woran er gestorben ist, und bekam keine Antwort. Immer und immer fragte ich ihn, doch ich sah nichts und fühlte nichts, nicht das Kleinste! Ich meinte dann: »Tut mir leid, ich kann nicht sehen, wie er gestorben ist. Das ist eigenartig, doch ich bekomme keine Information darüber.«

Die Mutter im Publikum meinte: »Für mich macht dies absolut Sinn! Er ist noch nicht gestorben!«

»Was?!«

»Er liegt seit drei Jahren im Koma! Doch hat alles gestimmt, was Sie gesagt haben. Sein Name ist tatsächlich Manfred. Sein Geburtstag ist im Juli, wir wohnen in einem Einfamilienhaus, wir sehen auf den See, und er hat auch zwei Schwestern. Es stimmt, sogar das ich morgen Geburtstag habe, alle Details sind richtig, aber er ist im Koma und nicht tot.«

Jeder, der mich kennt, weiß, dass ich nicht so schnell sprachlos bin. Doch ich war es und verstand die Welt absolut nicht mehr. Dann meldete sich mein Geistführer und meinte: »Pascal, der Sohn wird nur noch von Maschinen am Leben gehalten, im Grunde steht er mit einem Bein im Jenseits und mit dem anderen noch im Leben. Er kann weder in die Geistige Welt gehen noch kann er zurück in den Körper. Er wird von den Maschinen gehindert, in seine Heimat zurückzukehren, und sein Lebensplan erlaubt es nicht, wieder in den Körper zurückzukehren. Würden Maschinen nicht seinen Körper am ›Leben‹ erhalten, wäre er längst gestorben. Sag ihr das, es ist wichtig! Sie wartet auf eine Entscheidung von ihrem Sohn; sag, dass er gehen möchte!«

Ich gab es so der Mutter weiter, im Bewusstsein, genau zu wissen, was ich sagte. Die Frau meinte berührt: »Du hast mir das größte Geschenk gemacht! Alle raten mir, ihn gehen zu lassen. Ich habe die letzten Tage gebetet, dass ich an diesem Abend ein Zeichen erhalte! Eigentlich habe ich es von meinem verstorbenen Mann erwartet, doch jetzt bin ich sicher, dass es richtig ist, die Maschinen abzustellen und den Sohn gehen zu lassen. Die Ärzte sagen mir dies schon lange! Danke, vielen Dank!«

Das war eine unheimliche Lektion für mich, und ich habe später erfahren, dass dies auch schon anderen Medien passiert ist. Ich habe solche Phänomene dann ein bisschen genauer angeschaut und bemerkt, dass eine Botschaft nur dann möglich ist, wenn ein Komapatient durch Maschinen am Leben erhalten wird. Ist er ohne die Hilfe von Geräten im Koma, ist es mir nicht möglich, mit ihm in Kontakt zu treten.

Viele fragen mich: »Was würdest du raten? Maschinen abstellen oder nicht?« Ich sage immer: »Das kann ich nicht entscheiden. Doch wenn ich im Koma wäre und wenn ich nur durch die Hilfe von Maschinen leben würde, wünschte ich mir, dass man sie spätestens nach drei Monaten abstellt und mich nicht jahrelang zwischen zwei Welten leben lässt.«

Doch dies ist nur mein persönlicher Wunsch, und ich habe auch noch zu wenig Erfahrung auf diesem Gebiet. Ich stelle keine bewussten Kontakte mit Komapatienten her, das sehe ich nicht als meine Aufgabe an. Ich möchte auch nicht über Leben und Tod entscheiden müssen. Doch bei dieser Jenseitsdemonstration geschah alles so spontan, dass ich es als richtig empfand, die Information weiterzugeben.

Was passiert mit Tieren in der Geistigen Welt?
Ich möchte ganz klar sagen, dass ich kein Spezialist bin in Bezug darauf, was mit Tieren passiert. Doch diese Frage kommt so oft, dass ich mein bescheidenes Wissen darüber doch weitergeben möchte.

Ich persönlich stelle keine Jenseitskontakte zu verstorbenen Tieren her. Das kann ich nicht, es gehört nicht zu meinen Talenten. Während meiner Ausbildung in der Schweiz hatte ich eine Mitschülerin, die dies sehr gut konnte, ich war fasziniert, doch mir gelang es nie. Das Einzige, was ich kann, und das auch nicht immer, ist verstorbene Tiere wahrzunehmen. Es kommt oft vor, dass ich mit einem Verstorbenen in Kontakt trete und er noch seinen Hund oder seine Katze dabeihat. Für mich ist klar, auch wenn ich nicht direkt mit Tieren kommunizieren kann, dass die verstorbenen Tiere am selben Ort sind wie die verstorbenen Menschen. Wir treffen in der Geistigen Welt wieder auf unsere Tierfreunde. Ich erlebe immer wieder, dass sich die Verstorbenen bei den Sitzungen bei mir mit ihren Tieren zeigen. Doch wenn man einen Hund verloren hat und dann eine Jenseitsberatung von mir möchte, kann ich diesen Wunsch leider nicht erfüllen.

Oft ist es auch so, dass ich die Tiere, die gestorben sind, nah bei den Menschen spüre. Einmal war ich bei einer Freundin auf Besuch und fühlte plötzlich, wie mir eine Katze auf den Schoß sprang. Da ich eine Katzenallergie habe, wollte ich sie sofort runterschubsen. Doch ich fuhr mit meiner Hand ins Leere. Als ich runterschaute, sah ich die Katze immer noch auf meinem Schoß und nahm wahr, dass sie schon tot war und ich wohl keine Probleme mit meiner Allergie bekommen würde. Als ich die Freundin fragte: »Hast du mal eine schwarze Katze gehabt, die sehr anhänglich war?«, begann sie zu weinen und meinte: »Ja, die ist vor drei Wochen überfahren worden. Woher weißt du das?«

»Naja, sie sitzt gerade auf meinem Schoß.«

»Oje! Ich habe mich noch nicht daran gewöhnt, dass ich mit einem Hellseher befreundet bin! Geht es ihr gut?«

»Ja, ihr geht es gut, und sie ist immer noch bei dir!«

Doch verstorbene Tiere sind für mich viel schwerer wahrzunehmen. Warum dies so ist, weiß ich nicht genau; ich denke, jedes Medium hat unterschiedliche Gaben.

Ab welchem Zeitpunkt kann man mit Verstorbenen Kontakt aufnehmen?
Dafür gibt es keine allgemeingültige Regel. Im Grunde liegt es am Verstorbenen selbst. Es gibt welche, mit denen ich schon nach ein paar Minuten eine Verbindung herstellen kann. Dann gibt es welche, da klappt es erst nach Monaten oder Jahren gut. Doch im Schnitt wäre es meiner Ansicht nach ideal, so acht bis zwölf Monate zu warten, damit man auch die größte Trauer schon mal hinter sich hat. Sonst kann man kaum eine gute Lesung erwarten. Manchmal, wenn ein Verstorbener sich zu früh meldet, kann das Medium noch so tolle detaillierte

Beweise geben – der Klient kann sie trotzdem nicht anneh-men. Einfach aus der Tatsache heraus, dass die Trauer noch zu groß ist. Wie ich es sehe, ist das weniger ein Problem für den Verstorbenen, wenn man früh Kontakt aufnimmt, sondern eher für den Klienten.

Wenn man sehr früh nach dem Tod mit einem Verstorbenen eine Verbindung aufbaut, kann es sein, dass er noch nicht so präzise Details geben kann, weil er sich einfach noch an die Kommunikation ohne Stimme gewöhnen muss und sich in der Geistigen Welt noch nicht so eingelebt hat. Nach der erwähnten Zeitspanne klappt das aber meistens recht gut. Ich kann sehr oft erkennen, wie lange jemand schon verstorben ist; das über-rascht die Klienten immer wieder. Ich erkenne es an der Art, wie klar ich schon mit ihm kommunizieren kann: Je länger der Tod her ist, desto besser für mich. Wenn jemand allerdings schon zwanzig Jahre oder länger in der Geistigen Welt ist, merke ich, dass die Details aus dem letzten Leben weniger werden. Es kommen dann nicht mehr so genaue Aussagen über das dama-lige Leben. Ich meine, das liegt vor allem daran, weil die Ver-storbenen mit diesem Leben abgeschlossen haben und auch der Prozess des Aufarbeitens mit dem Lebensfilm längst vorbei ist.

Trotzdem ist es nicht entscheidend, wie kurz oder wie lang jemand schon in der Geistigen Welt ist. Im Grunde genommen kann man, wenn es von beiden Seiten her stimmt, zu jedem Zeitpunkt eine Verbindung herstellen. Meistens kommen aber die Menschen zum richtigen Zeitpunkt, eben dann, wenn es für beide Seiten stimmt. Ich musste in den letzten zehn Jahren nur zweimal eine Sitzung abbrechen, weil der Zeitpunkt noch nicht gestimmt hat. Doch auch dies ist von Medium zu Me-dium ein bisschen unterschiedlich.

Denkst du, dass man eine Vorahnung vom eigenen Tod haben kann?

Ja, davon bin ich überzeugt. Es kommt immer mal wieder vor, dass ich auch Klienten im Krankenhaus besuche, da ich ja nicht nur als Medium arbeite, sondern auch Heilbehandlungen gebe oder mit Menschen spreche und mich darum bemühe, ihnen die Angst vor dem Tod zu nehmen. Ich sage immer, dass das die eigentliche Aufgabe eines Spiritualistischen Mediums ist. Wir sind so etwas wie Seelsorger, und für mich gehört dies genauso zu meiner Aufgabe wie die Jenseitslesungen.

Viele sagen genau, wann sie sterben. Auch bei zahlreichen Jenseitskontakten erzählen mir die Verstorbenen, dass sie wussten, dass sie sterben würden. Einige ein paar Tage vorher, andere nur wenige Stunden. Oft sagt auch der Klient: »Irgendwie spürte ich, dass er bald sterben wird.«

Mein verstorbener Vater konnte kein Deutsch! Kann ich dennoch durch dich mit ihm in Verbindung treten?

Ja, denn ich kommuniziere mit den Verstorbenen nicht über die Sprache, sondern über Symbole, Bilder, Gefühle, nur ab und an über Worte, doch sind das nie ganze Sätze, sondern einzelne Worte. Welche Sprache der Verstorbene auch gesprochen hat, das hat keinen Einfluss darauf, ob die Sitzung funktioniert oder nicht.

Sehen Kinder mehr?

Alle Kinder bis etwa sieben Jahre sind enger mit der Geistigen Welt verbunden und viel sensitiver als die Erwachsenen. Die meisten Kinder verlieren dieses natürliche Talent aber später und können sich auch nicht mehr daran erinnern.

Dazu möchte ich etwas erzählen. Vor Kurzem waren Bahar und ich bei Freunden zu Besuch. Die Mutter erzählte uns, dass ihre zweijährige Tochter in letzter Zeit immer von einem Mei- teli (Mädchen) erzählt und dass sie mit diesem Mädchen stun- denlang spielt. Es sei sogar so, dass dieses Mädchen (welches niemand außer der Tochter sieht) sie auf Reisen begleitet.

»Pascal, kannst du nicht mal im Kinderzimmer nachschauen, ob dort wirklich ein Geisterkind ist?«

»Klar, kann ich!«

»Bitte merk dir genau, wo du sie siehst, meistens ist sie am selben Ort wie sie, meint meine Tochter.«

Also machte sich Ghostbuster Pascal Voggenhuber auf den Weg ins Kinderzimmer. Dort angekommen sah ich sofort ein blondes, vielleicht sieben Jahre altes Mädchen an einem Kin- deresstisch auf dem ersten Stuhl links. Ich merkte sofort, dass sie keine Verstorbene der Familie ist, die wir besuchten. Ich fragte sie: »Woher kommst du?« Sie zeigte aufs Fenster und sagte: »Von da drüben, vom Bauernhof. Ich starb dort!«

Ich schaute, ob es dem Mädchen gut geht und hatte den Eindruck, dass es sich wohlfühlte. Mehr hat es mir nicht er- zählt. Für mich war auch nichts Beunruhigendes dabei, denn es ist oft so, dass verstorbene Kinder bei lebenden Kindern sind. Das ist normal und davor sollte man keine Angst haben. Möglicherweise hast auch du, mein lieber Leser, mit Geistkin- dern gespielt, nur kannst du dich vielleicht nicht mehr daran erinnern.

Jedenfalls ging ich zurück zu den anderen und erzählte, was ich sah: »Das Einzige, was mich verunsicherte, als ich aus dem Fenster sah: Dort ist nirgendwo ein Bauernhof, und es sieht auch nicht so aus, als ob da mal einer gestanden hätte.

Das Mädchen dürfte zwei Generationen zurück sein, und sie wäre jetzt eine Großmutter, wenn sie nicht gestorben wäre.«

Unsere Gastgeber meinten: »Doch, klar ist da drüben ein Bauernhof, nur wurde dieses Haus dort drüben davorgebaut, dahinter ist ein Bauernhof.«

Mir war die Sache wichtig, ich fragte: »Ist es euch möglich herauszufinden, ob das, was ich gesagt habe, stimmt?«

»Das sollte kein Problem sein. Denn uns ist es auch wichtig zu wissen, ob unsere Tochter reale Dinge sieht oder ob sie spinnt!«

»Sie sieht jedenfalls dasselbe wie ich! Ich hoffe, dass es real ist, sonst bilde ich mit eurer Tochter eine Gruppe, und zwar die Anonymen Spinner!«

»So habe ich das nicht gemeint, aber du weißt schon!«

Ja, klar, ich weiß schon, was sie meinten. Die Mutter erzählte dann noch, dass ihre Tochter das Mädchen auch immer sieht, wenn sie zu Pferden geht. Ganz oft sagt dann die Tochter: »Schau, das Meiteli ist bei den Pferden, schau!«

Zwei Wochen später rief mich die Mutter an und erzählte: »Ich habe alle Informationen, und es ist unglaublich. Vor zwei Generationen starb in dieser Familie wirklich ein blondes siebenjähriges Mädchen, und zwar wurde sie von einem Pferd erschlagen. Was sagst du dazu?«

»Ich würde sagen, du musst dich bei deiner Tochter und dem anderen Spinner entschuldigen!«

Ja, Kinder sehen mehr als die Erwachsenen, und doch darf man nie vergessen, dass Kinder auch eine wunderschöne Fantasie haben – nicht alles ist immer echt. Doch ganz viel sehen die Kinder wirklich, wovon sie uns dann erzählen.

Ab wann ist eine Seele im Körper?

Diese Frage wird mir oft gestellt und ehrlich gesagt kann ich sie nicht genau beantworten. Ich finde es aber spannend, dass man die Seele eines ungeborenen Kindes schon Tage, manchmal sogar Wochen vor der eigentlichen Zeugung bei der Mutter sehen kann. Die Aura verändert sich und zeigt mir, dass die betreffende Frau bald schwanger wird. Die Seele des Kindes ist dann bereits bei der Mutter und mit ihr über die Aura verbunden. Ich würde also sagen, dass die Seele schon vom ersten Tag der Schwangerschaft anwesend ist.

Oft kommen Frauen zu mir, die eine Abtreibung oder eine Fehlgeburt hinter sich haben. Das ist für mich als Medium zwar eine sehr schwierige Aufgabe, weil ich kaum beweisen kann, dass diese Seele wirklich bei uns ist, da sie mir nichts aus dem Leben erzählen kann. Doch ist es eine wichtige Aufgabe, denn viele Mütter leiden unter diesem Verlust sehr. Auch hier wissen die Kinder jedoch schon vorher, wenn sie die Mutter aussuchen, ob sie überhaupt inkarnieren können beziehungsweise dürfen oder nicht. Viele dieser Seelen brauchen nur noch die Erfahrung, dass sie sich nicht inkarnieren können. Das ist kein Freischein für Abtreibungen! Doch wusste die Kinderseele, dass sie nicht bei dieser Mutter auf die Welt kommen kann.

Behalten wir unsere Persönlichkeit in der Geistigen Welt?

Ja, wir sind in der Geistigen Welt so, wie wir auf der Erde waren. Auch deshalb gelingt es mir als Medium, jemanden ganz genau zu beschreiben, weil wir im Großen und Ganzen immer noch so sind, wie wir waren. Natürlich findet auch in der Geistigen Welt eine Entwicklung statt, doch wenn wir

207

körperlich sterben, sind wir nicht gleich Engel oder erleuchtet, sondern wir verändern uns nur sehr langsam.

Was ist mit Menschen, die körperliche Probleme oder eine Hirnschädigung haben?

Keine Sorge, den Körper nehmen wir nicht mit, somit werden wir keine Schmerzen haben. Auch bei einer Hirnschädigung oder wenn jemand auf der Erde geistig behindert war, ist dieses Problem ein körperliches Problem. Wir tragen die Beeinträchtigung nicht mit in die Geistige Welt.

Es kommt oft vor, dass Kinder, die zum Beispiel nicht laufen konnten, mir bei einer Sitzung gleich am Anfang sagen: »Sag meinen Eltern, ich kann Fußball spielen und Fahrrad fahren!« Das ist dann für mich meistens ein klares Signal für eine körperliche Einschränkung, die dieser Mensch auf der Erde hatte. Sie ist jedoch immer verschwunden, sobald wir den Körper verlassen.

Menschen, die durch eine Schädigung des Gehirns nie sprechen konnten, können sich mir dennoch verständlich machen. Oft ist einfach die Kommunikation schwerer. Doch sobald ich merke, dass der Verstorbene mir damit nur zeigen möchte, dass er auf der Erde sprachliche Probleme hatte – sobald ich dies erkenne –, sind dann bei der Jenseitskommunikation alle »sprachlichen Probleme« weg. Die Verstorbenen zeigen es mir nur als Beweis oder Hinweis dafür, damit ich das für die Hinterbliebenen beschreiben kann. Ich habe in den Tausenden von Sitzungen noch nie jemanden aus der Geistigen Welt wahrgenommen, der Schmerzen spürt!

Weiß beispielsweise meine Großmutter von meinem Sohn, wenn sie schon vor seiner Geburt starb?

Natürlich, denn die Verstorbenen bekommen noch sehr genau mit, was wir in unserem Leben erleben. Es kommt sogar sehr oft vor, sozusagen als Beweis, dass ein Verstorbener sagt, wie viele Enkel nach seinem Tod noch geboren wurden.

Heißt das, die Verstorbenen sehen alles und bekommen alles mit? Auch wenn ich zum Beispiel meinen Partner betrüge?

Ja, genau so ist es! Geschockt? Einfach treu sein, dann muss man vor so etwas keine Angst haben! ☺ Ja, es kam sogar schon vor, dass Verstorbene mir in einer Sitzung erzählt haben, dass die Tochter den Mann betrügt. Das war ein sehr krasser Beweis für die Tochter. Natürlich war der Ehemann nicht anwesend, denn die Verstorbenen wollen uns mit solchen Aussagen auch nicht ins Unglück stürzen. Doch sie bekommen enorm viel mit von unserem Leben. Ganz oft erzählen mir die Verstorbenen, welche Probleme bei den Klienten gerade anstehen, oder sie gratulieren jemandem zum Geburtstag.

Im Übrigen bin ich froh, dass die Verstorbenen sehr wohl mitbekommen, was bei uns im Leben so alles passiert. Sonst hätte ich wohl nie Bahar kennengelernt. Ich traf sie nämlich dank ihrer verstorbenen Großmutter. Ich bat Bahars Schwester Öznur, die Geschichte von damals aufzuschreiben, weil ich es authentischer finde, wenn sie die Geschichte erzählt:

2005 in Neumarkt: Meine Schwester hatte mir einen Termin bei einem Medium aus der Schweiz vereinbart, der zurzeit in Deutschland Seminare und Sitzungen gab. Pascal Voggenhuber, den Namen hatte ich vorher noch nie gehört. Doch meine

Schwester meinte: »Du musst da unbedingt mal hin! Ich hab für dich einen Sitzungstermin für morgen!« Gespannt darauf, was und wer mich erwartet, fuhren wir am nächsten Tag zusammen nach Neumarkt. Nun war es so weit. Die Tür ging auf, ein junger Mann mit gebleichten blonden Haaren begrüßte mich freundlich. Ich war überrascht. So sah also ein Medium aus, ein ganz normaler Junge.

Pascal erklärte mir, wie eine solche Sitzung abläuft und dass er Kontakt zum Jenseits aufnehmen könne. In dem Augenblick lief mir ein Schauer über den Rücken. Kontakt mit den Toten ... Spontan und ohne zu zögern sagte ich Pascal, dass ich nichts vom Jenseits wissen möchte. Ich hatte richtig Angst und wollte nichts über meine Verstorbenen erfahren. Pascal nickte freundlich, wir würden ein Aura-Reading machen, die Sitzung fing an. Es war aufregend und spannend. Ich konnte sehr viel über mich selbst erfahren ...

Doch das sollte nicht alles sein: Die Sitzung war vorbei, und ich verabschiedete mich von Pascal. Ich öffnete die Haustür und sah meine Schwester bereits im Auto warten. Ich gab Pascal die Hand und wollte eigentlich gehen. In dem Moment sah er mich an und überlegte ... »Du, warte mal kurz!«, sagte er. »Ich weiß, du wolltest nichts von deinen Verstorbenen erfahren, aber ich muss es jetzt einfach tun.«

Erschrocken sah ich Pascal an. »Seit der Sitzung ist eine ältere Frau mit dunklen Locken da. Sie lässt mich nicht in Ruhe und möchte unbedingt, dass ich dir das alles mitteile. Sie hat einen großen Blumenstrauß in der Hand. Der Blumenstrauß ist für eine Frau, die morgen Geburtstag hat. Du sollst dieser Frau schöne Grüße von der älteren Frau ausrichten. Sie vermisst sie sehr und liebt sie von ganzem Herzen!«

Tränen liefen über meine Wangen. Meine Mutter hatte am nächsten Tag Geburtstag und die ältere Frau war meine Oma, die vor einigen Jahren gestorben war. Ich weinte und war einfach sprachlos. Ich spürte das erste Mal nach dem Tod meiner geliebten Oma, dass sie mir und unserer Familie sehr nah war. Seit dem Tag weiß ich, dass Oma immer bei uns ist, ganz besonders an Geburtstagen.«

Öznur war von der Botschaft der Oma so begeistert, dass sie Bahar fast zwang, zu mir in eine Beratung zu kommen. Und zum Glück lief auch diese Sitzung recht gut.

Muss ich davon ausgehen, dass meine verstorbene Mutter auch sieht, was ich im Bett mache?
Ja, klar! Schlimm? Sie hat mit großer Wahrscheinlichkeit etwas Ähnliches gemacht wie du, sonst wärst du wohl nicht entstanden! Was ist so schlimm daran? Sex gehört zum Leben. Außerdem mal ganz ehrlich: Ich habe noch keinen Verstorbenen gesehen, der ein Spanner ist. Sie können uns in der Dusche, im Bett oder wo auch immer beobachten, doch für die Verstorbenen ist es nicht so aufregend, wie es vielleicht für uns wäre. Denn sie sind nur noch Energie und haben keine körperlichen Bedürfnisse mehr! So müssen wir uns keine Sorgen machen. Ich nehme auch nur ganz selten an einem für uns »privaten Ort« Verstorbene wahr, denn sie respektieren unsere Privatsphäre.

Vermissen die Toten denn ihren Körper oder auch den Sex?
Ich habe nicht das Gefühl, dass dies so ist: Ab und zu erzählt mal ein Verstorbener, dass er zum Beispiel das Essen vermisst.

Und einmal hat ein Mann gesagt, dass er es vermisst, mit seiner Frau zu schlafen. Doch meistens sagen sie, dass sie die Berührungen vermissen, einfach mal jemanden in den Arm zu nehmen. Doch mir wurde es nie so gezeigt, als ob das sehr schlimm für die Verstorbenen ist. Wenn man danach fragt, kommt oft einfach die Antwort: »Manchmal vermisse ich es, jemanden in den Arm zu nehmen!« Ich habe aber nicht das Gefühl, dass sie es sehr vermissen.

Eine Frau hat mir mal erzählt, dass ein Verstorbener mit ihr Sex haben wollte. Geht das?
Ich hoffe, die Frage ist nicht ernst gemeint! Doch um sie zu beantworten: Ich würde der Dame raten, einen Psychiater aufzusuchen oder aufzuhören, Drogen zu nehmen!

Wie kommunizieren die Verstorbenen untereinander?
Durch ihre Gedankenkraft. Telepathie ist eine universelle Sprache und wird von jedem verstanden. Die Verstorbenen haben keinen Kehlkopf mehr und keinen Mund, somit ist das Sprechen wie auf der Erde nicht mehr möglich.

Kannst du steuern, mit wem du Kontakt aufnimmst, und wie lange dauert eine Jenseitslesung?
Ja, ich kann es steuern. Bei mir kann der Klient wählen, ob er mit jemand Bestimmtem in Kontakt treten oder ob er es offenlassen möchte. Jeder Klient kann mir dies zu Beginn der Sitzung mitteilen. Die Dauer der Sitzung ist etwa fünfundzwanzig bis dreißig Minuten. Das erscheint sehr kurz, doch es kommen in der Zeit enorm viele Informationen, und es ist für mich nicht möglich, viel länger eine klare Verbindung zu halten.

Früher habe ich längere Sitzungen gegeben, doch damals habe ich oft noch zwischen Aura-Reading und Jenseits-Verbindungen gemischt, oder ich habe mit mehreren Verstorbenen Kontakt aufgenommen. Das mache ich heute nicht mehr.

Kam es auch schon vor, dass jemand in eine Sitzung kam und du gar nichts wahrgenommen hast?
Ja, klar, auch das kommt vor. Zum Glück aber nur selten, darüber bin ich auch froh, denn ich arbeite ja mit Geld-zurück-Garantie. Doch mir ist es wichtig, dass die Klienten wissen: Egal, wie viele Bücher ich geschrieben habe, und egal, was über mich erzählt wird, jede Sitzung ist anders und auch ich habe schlechte Tage und Tage, wo es nicht funktioniert.

Was ist schwieriger, Jenseitsdemonstrationen oder Einzelberatungen?
Ich finde Jenseitsdemonstrationen vor vielen Menschen schwerer, denn man muss viel präziser arbeiten, damit wirklich nur eine einzige Person die Informationen verstehen kann. Außerdem gibt es dabei immer viele Energien im Raum und enorm viele Verstorbene. So ist es manchmal schwer für mich, bei all den Einflüssen nur die Informationen von immer demselben Verstorbenen zu bekommen. Wenn man zum Beispiel dreihundert Zuschauer hat, dann sind schnell mal sechshundert oder neunhundert Verstorbene zusätzlich anwesend. Da ist es nicht immer leicht, alles genau richtig zuzuordnen.

Doch es gibt Medien, die weniger Probleme bei Demonstrationen haben und viel mehr Mühe mit Einzelberatungen. Ich denke, da hat halt jedes Medium so seine Talente und Vorlieben.

Es ist ja sicher nicht gerade leicht, die ganzen Eindrücke, die du wahrnimmst, zu verarbeiten; wie machst du das?

Ja, es ist nicht leicht, denn die Schicksale, die ich fast täglich sehe, sind meistens sehr traurig und manchmal wirklich grausam. Doch ich habe das Glück, dass ich gut abschalten kann und dass mich Bilder nur selten verfolgen. Am Anfang konnte ich weniger gut abschalten, doch heute gelingt es mir immer besser. Ich habe einfach gemerkt, dass ich nicht zu viele Sitzungen pro Woche machen darf, sonst kann meine Psyche die Eindrücke nicht mehr verarbeiten. Man braucht als Medium eine sehr dicke Haut, doch ich sehe auch meistens sofort, wie es die Klienten verändert, wie es hilft – und dann machen mir die Bilder und Eindrücke weniger aus.

Mein Glück ist auch, dass ich mich nach den Sitzungen nicht mehr wirklich an alles erinnern kann. Nach ein paar Stunden müsste ich mich enorm anstrengen, um noch alles aus der letzten Sitzung zusammenzubekommen. Ich vermute, dass sich meine Hirnwellen verändern und ich nicht ganz so aufnahmefähig bin wie im »normalen« Zustand, obschon ich während einer Sitzung nicht in Trance oder sonst irgendwie abwesend bin. Das schnelle Vergessen ist enorm hilfreich. Wenn mich doch etwas verfolgt, rede ich mit Bahar darüber oder mit Freunden, das hilft mir dann auch.

Nun ist allerdings der Tod für mich ja auch nicht das Ende, sondern nur eine Geburt an einem neuen Ort, und da sehe ich, dass es den Verstorbenen gut geht. So ist für mich vieles gar nicht so schlimm, wie man vielleicht denken könnte.

Du sprichst von Hirnwellen, die anders sind bei einer Jenseitslesung. Gibt es dafür wissenschaftliche Beweise?

Das kann ich nicht beurteilen, ich habe dazu noch keine wissenschaftliche Untersuchung mit mir machen lassen. Ich würde das aber gern, denn ich bin mir sicher, dass sich die Gehirnwellen verändern, wenn ich Jenseitslesungen gebe.

Ich arbeite ja auch noch als Trance-Healer und in Bezug darauf wurden ich und Bahar wissenschaftlich untersucht. Im Juni 2010 wurden wir vom »Key Institute for Brain-Mind Research« in Zürich getestet. Dabei wurde klar festgestellt, dass es im Gehirn Wellen gibt, die nur erzeugt werden, wenn wir uns als Heilkanal zur Verfügung stellen. Das Spannende ist, dass Bahar und ich dieselben Wellen produzieren, allerdings nur dann, wenn wir die Funktion des Heilers einnehmen. Im normalen Wachzustand oder wenn wir die Rolle des Klienten übernahmen oder bei Blindtests waren unsere Gehirnwellen sehr unterschiedlich. Leider sind zurzeit noch nicht alle Daten von diesem Test ausgewertet. Doch die ersten Ergebnisse waren für die Wissenschaftler ziemlich aufregend, und in nächster Zeit gibt es darüber auch einen Bericht in einem renommierten wissenschaftlichen Magazin und die Untersuchungen werden auf Kongressen diskutiert.

Das bedeutet natürlich noch nicht, dass man Trance-Healing wissenschaftlich beweisen kann, aber es zeigt immerhin schon mal, dass man einen besonderen Zustand im Gehirn sichtbar machen und mit wissenschaftlichen Methoden messen kann, wenn man sich als Kanal für Energie zur Verfügung stellt.

Gehen die Toten an ihr eigenes Begräbnis, und sind sie traurig, wenn wir das Grab nicht regelmäßig besuchen?

Ja, viele Verstorbene berichten mir, wie sie ihr Begräbnis oder ihre Abdankung gefunden haben. Oft kommt es vor, dass sich der eine oder andere durch mich für spezielle Dinge bei den Hinterbliebenen bedankt.

Als mein Vater starb, habe ich an seinem Begräbnis eine Rede gehalten. Für mich war dies eine komische Situation. Ich sah meinen Vater neben mir stehen, und er hörte sich meine Worte an. Doch ich konnte es den anderen nicht mitteilen, weil ich mich damals noch nicht öffentlich als Medium ge-outet hatte. Ich musste damals weinen, doch nicht nur, weil ich traurig war, sondern weil sich mein Vater während meiner Rede immer wieder bei mir für meine Worte bedankte. Das war eine sehr eigenartige, aber auch enorm schöne Situation für mich.

Ich war noch nicht oft bei Beerdigungen, doch wenn ich dort war, konnte ich immer den Verstorbenen wahrnehmen.

Ob wir am Grab sind oder nicht, spielt für die meisten Verstorbenen keine Rolle. Oft höre ich: »Sag meinem Sohn, ich bin nicht dort, ich bin in seinem Herzen!« Den Verstorbenen ist ihr Grab nicht wichtig, denn sie wissen, dass sie nicht dort sind. Ihnen ist bewusst, dass sie noch leben und immer bei uns sein können, wenn sie dies wünschen.

Kannst du auch mit berühmten verstorbenen Personen in Kontakt treten?

Nein, leider nicht. Ich brauche eine Kontaktperson. Ich denke, Michael Jackson weiß nicht, dass es mich gibt. Warum sollte er also einfach mal bei mir vorbeikommen und mir etwas erzählen? Das macht keinen Sinn. Vielleicht, wenn ich ihn im Leben gekannt hätte, doch das war leider nicht so. Wenn aber die Schwester, der Bruder, der Onkel oder wer auch immer zu mir kommen würde, dann würde durch diese Person Michael von mir erfahren und würde deswegen auch in der Sitzung anwesend sein.

Ich würde sehr gern einmal mit Michael Jackson in Kontakt treten, doch nur wenn seine eigene Familie den Wunsch hätte, durch mich mit ihm zu kommunizieren. Für mich sind Menschen und Medien, die behaupten, sie stehen in Kontakt mit berühmten Verstorbenen, nicht glaubwürdig, oder besser gesagt: Es ist mir noch keiner begegnet, der glaubwürdig ist. Auch wenn mir oft Menschen schreiben, die mich vom Gegenteil überzeugen wollen – bis jetzt haben es sich alle leider nur eingebildet. Doch vielleicht werde ich eines Tages eines Besseren belehrt.

Praktische Übungen

Trauerverarbeitungsritual

Nicht immer hat man die Möglichkeit, zu einem Medium zu gehen, und doch hat man vielleicht das Bedürfnis, noch etwas zu bereinigen. Eine Schülerin hat mich auf die Idee gebracht, diese Übung hier zu schreiben. Sie kam nach dem Unterricht zu mir und meinte: »Pascal, ich habe zwei Kinder verloren, und irgendwie konnte ich mich vom einen nicht verabschieden. Es hört sich komisch an, es wurde nie geboren, und doch möchte ich mich verabschieden.«

»Das hört sich nicht komisch an, ich denke, es ist normal und gut, wenn man das macht.«

»Kennst du eine Möglichkeit, was ich allein machen kann?«

Sofort gab mir mein Geistführer eine Lösung für ihr Problem, die ich hier mit dir teilen möchte. Dieses Ritual ist vor allem für Menschen gedacht, die vielleicht ein Kind durch Fehlgeburt oder Abtreibung verloren haben oder die einfach keine Möglichkeit mehr hatten, sich von einem lieben Menschen zu verabschieden.

Verabschiedung

Schreib dem ungeborenen Kind oder dem Menschen, von dem du dich nicht mehr verabschieden konntest, einen Brief. Schreib darin alles auf, was dich belastet, was du schon immer sagen wolltest. Lass einfach alle deine Gedanken aufs Papier fließen. Die Verstorbenen spüren, dass du ein Abschiedsritual machst. Sie werden da sein und jede Zeile mitbekommen. Ich persönlich würde es wirklich aufschreiben und nicht einfach nur in Gedanken kommunizieren; Schreiben ist deutlich wirkungsvoller. Danach kannst du den Brief zum Beispiel verbrennen oder zerreißen oder ein anderes Ritual finden, das dir hilft, deine Sorgen und Gedanken wieder loszulassen, die du aufgeschrieben hast.

Eine andere Möglichkeit besteht darin, auch für ein ungeborenes Kind eine Trauerfeier oder eine offizielle Verabschiedung durchzuführen. Bestimmt sind viele aus deiner Familie bereit, mit dir ein solches Ritual zu zelebrieren.

Mach die Verabschiedung so, wie du sie dir wünschst. Ich finde, dass sie wichtig ist und jeder sie durchführen sollte, der das Gefühl hat, dass er sich nicht so verabschieden konnte, wie er wollte.

Auch im Alltag gibt es kleine Dinge, die du tun kannst: Sprich mit dem Verstorbenen, so als wenn er noch da wäre. Sag alles, was du noch sagen wolltest. Er wird in dem Moment zu hundert Prozent bei dir sein, dafür sorgen die Geistführer. Etwas anderes, was auch viele Verstorbene benennen: »Zünde eine Kerze für mich an und denk an mich. Das ist für mich schöner als das größte Fest!« Es kommt wirklich immer mal wieder vor, dass sich ein Verstorbener dafür bedankt, dass man eine Kerze zu besonderen Gelegenheiten für ihn anzündet. Und oft bedanken sie sich dafür, dass man einfach noch mit ihnen redet.

Wir sollten wissen und daran denken, dass die Geistige Welt uns immer hört. Auch ein einfaches Gebet kann helfen, die Trauer besser zu verarbeiten, und es hilft auch dem Verstorbenen.

Dies waren nur einige Anregungen, die du natürlich noch weiterführen kannst. Ich merke durch meine Arbeit immer wieder, wie wichtig irgendeine Form der Verabschiedung ist. Wenn sie aus irgendwelchen Gründen nicht möglich war, bleiben häufig Schuldgefühle zurück. Viele Verstorbene sagen etwas, das mir

zeigt, wie wichtig auch ihnen das ist: »Sie hat sich doch verab-
schiedet. Ich war zwar nicht mehr in meinem Körper, doch ich
habe gesehen, wie sie noch mit mir gesprochen und sich ver-
abschiedet hat.« Falls du dich persönlich nicht mehr verabschieden konntest, hol es also nach, auch wenn der Tod des
betreffenden Menschen schon Jahre zurückliegt.

Werde selbst ein Medium

Bald sind wir schon am Ende unserer Reise, und zum Schluss möchte ich dir noch etwas Besonderes mit auf deinen Weg geben. Ich möchte dir ein paar Übungen schenken, mit denen du vielleicht selbst Kontakt zu deinem Geistführer oder gar zu Verstorbenen aufnehmen kannst. Mir ist bewusst, dass man durch diese Übungen noch nicht zu einem professionellen Medium wird. Doch können sie dem einen oder anderen helfen, eine Verbindung zur Geistigen Welt herzustellen. Und sicher wird man, wenn man genug Geduld hat, auch die eine oder andere Botschaft bekommen. Bedenke immer, dass es sehr viel Zeit und Hingabe braucht, die Sprache der Verstorbenen oder Geistführer zu verstehen; das geht leider nicht über Nacht. Ein wichtiger Faktor ist aber der Spaß beim Üben und vor allem die Liebe zur Geistigen Welt.

Welche Hellsinne gibt es?

Bevor wir beginnen können, Verstorbene oder Geistführer wahrzunehmen, müssen wir uns zuerst bewusst machen, welche Hellsinne es gibt. Alle Sinne können sowohl »objektiv« als auch »subjektiv« vorhanden sein. Bei den meisten werden die subjektiven Fähigkeiten vorhanden sein, denn wenn jemand die Hellsinne objektiv besitzt, hat er sie sicher schon längst entdeckt.

Was bedeutet »objektiv« genau? Es heißt, dass man zum Beispiel Dinge hellsichtig wahrnimmt, doch man kann nicht unterscheiden, ob es hellsichtig ist oder ob man es mit dem physischen Auge wahrnimmt. Zum einfacheren Verständnis: Früher konnte ich nicht unterscheiden, ob ich einen Verstorbenen oder eine lebendige Person sehe. Für mich waren sie auf den ersten Blick beide genau gleich real. Das führte manchmal dazu, dass ich Menschen auf der Straße grüßte, die nur ich sah, und das war für meine Begleiter natürlich schon etwas eigenartig. Ein anderes Mal war ich mit Freunden unterwegs und wir wollten uns in einer Bar an einen Tisch setzen. Alle Tische waren besetzt, nur an einem saß ein Mann allein. Ich ging zu ihm hin und fragte, ob die anderen Plätze noch frei wären. Es kam keine Antwort, dafür viele verwunderte Blicke von meinen Freunden und die Frage, wie viel Bier ich schon getrunken hätte. Erst als der Mann die Bar durch die Wand verließ, wurde mir bewusst, warum alle meine Frage befremdlich fanden.

Eine objektive Hellsichtigkeit ist also derartig klar, dass man kaum zwischen richtigem Sehen und hellsichtigem Sehen unterscheiden kann. Subjektives Hellsehen, das sind hingegen mehr innere Bilder, so etwa wie Erinnerungen. Das macht es am Anfang schwierig zu unterscheiden, ob wir etwas hellsichtig wahrnehmen oder einfach aus der Erinnerung oder in der Vorstellung wahrnehmen. Doch mit der Zeit gelingt das ganz gut.

Der nächste Sinn, bei dem es auch nicht ganz einfach ist, ist das Hellhören. Objektiv ist es so, als würde der Verstorbene direkt zu uns sprechen. Es hört sich dann genau so an, wie wenn eine noch lebende Person zu uns spricht. Leider ist dieses Talent kaum verbreitet. Ich selbst bin subjektiv hellhörend, das heißt, wenn ich etwas hellhörend wahrnehme, ist es so, wie wenn meine eigene Gedankenstimme zu mir spricht. Auch hier ist am Anfang das Unterscheiden zwischen Hellhören und Gedankenstimme ziemlich schwer. Ich vernehme eher einzelne Geräusche und Worte hellhörend, eigentlich nie ganze Sätze.

Dann gibt es noch das Hellfühlen. Auch diesen Sinn gibt es objektiv. Wenn wir auf diese Weise »objektiv« wahrnehmen, ist es so, als ob wir zum Beispiel direkt berührt würden oder einen Schmerz unmittelbar physisch empfinden. Subjektiv ist es weniger klar; es fühlt sich dann zum Beispiel so an, als hätte ein Verstorbener einen Autounfall gehabt, aber ich fühle das zum Glück nicht objektiv körperlich.

Das Hellfühlen ist meiner Meinung nach der beste Hellsinn, wenn man das überhaupt so sagen kann. Denn hellfühlig ist bis zu einem gewissen Grad jeder. Außerdem kann man mit der Hellfühligkeit eigentlich alles erfahren. Ich nehme zum Beispiel wahr, in welchem Stock jemand gewohnt hat oder ob jemand in einem Dorf oder in einer Stadt gelebt hat – nicht über das Sehen, sondern über das Fühlen. Stell dir mal vor, du bist im Erdgeschoss. Wie fühlt sich das an? Wie fühlt es sich an, im zwanzigsten Stock zu sein? Kannst du den Unterschied wahrnehmen?

Genau so arbeite ich mit den Verstorbenen. Ich frage: »Wo hast du gewohnt?« Fühle ich jetzt viele Häuser um mich herum, weiß ich, es muss eine Stadt sein; bekomme ich das Gefühl von »erhöht«, wenn ich mir vorstelle, dass ich aus dem Fenster schaue, so weiß ich, dass es eine Blockwohnung sein muss und kein Einfamilienhaus sein kann. So trainiere ich auch mein Hellfühlen, ich stelle mir verschiedene Situationen vor und präge sie mir ein. Sobald mir ein Verstorbener die Gefühle gibt, die ich mir eingeprägt habe, weiß ich, was er damit meint.

Ich denke, jetzt dürfte der Unterschied zwischen »objektiv« und »subjektiv« deutlich sein, und ich hoffe, das hat dir schon mal geholfen. Der einzige Hellsinn, den es aus meiner Sicht nur subjektiv gibt, ist das Hellwissen. Man weiß etwas einfach und kann nicht sagen, woher oder wie man es wahrgenommen hat – die Antwort ist einfach da.

Achte bei der Meditation mit Verstorbenen und Geistführern immer darauf, mit welchen Sinnen du wahrnimmst und bedenke: Je mehr du das beobachtest, desto mehr werden dir deine Sinne bewusst. Oft habe ich Schüler, die sagen: »Ich bin nicht hellsichtig!« Wenn ich ihnen dann aber mit einer Übung zeige, was sie alles für Bilder sehen, aber nicht bewusst wahrnehmen und somit verpassen, sind sie überrascht. Doch vieles ist für uns so natürlich, dass wir es übersehen. Werde also wieder aufmerksamer, dann wirst du deine Hellsinne sehr bald entdecken. Es gibt, noch einmal zusammengefasst:

- Hellsehen
- Hellhören
- Hellfühlen
- Hellriechen
- Hellschmecken
- Hellwissen

Kontakt mit Verstorbenen?
Zuerst kommt die Meditation

Der erste Schritt ist Meditation – das wird oft unterschätzt. Vor allem bei Menschen, die nicht mit stark ausgeprägten übersinnlichen Fähigkeiten geboren wurden, ist die Meditation besonders wichtig. Ich denke, bis zu einem gewissen Grad schlummern aber in allen von uns alle sensitiven oder medialen Fähigkeiten. Der eine braucht ein bisschen mehr Übung und der andere ein bisschen weniger. Ohne Meditation wird es schwer sein, all die Bilder und Eindrücke zu verarbeiten und zu verstehen, die wir mit unseren Hellsinnen empfangen.

Ich gebe offen zu, dass ich anfangs ebenfalls die Bedeutung von Meditation unterschätzt und oft geschlafen habe, anstatt zu meditieren. Ich hielt mich für superschlau und dachte, meine Lehrer checken es nicht, aber sie haben es gemerkt und haben mir klargemacht, wie wichtig Meditation ist, gerade zu Beginn der Ausbildung.

Deswegen empfehle ich jedem, sich zuerst ein bisschen in Meditation zu üben, und zwar in der »Einpunkt-Meditation«.

Einpunkt-Meditation

Konzentrier dich auf nur einen Punkt, zum Beispiel den Atem, eine Kerze, ein Bild, ein Mantra, oder du suchst dir einen anderen Fokus. Wichtig ist dabei, dass die Gedanken während der Meditation nicht abschweifen: Sobald du merkst, dass du abschweifst, gehst du sofort wieder zum vorher festgelegten Fokus zurück. Ich persönlich bevorzuge den Atem, weil ich dann die Augen geschlossen halten kann.

Oft hört man, man sollte während der Meditation keine Gedanken haben. Na ja, das ist fast unmöglich, gerade am Anfang. Wenn ich meine Schüler bei der Meditation beobachte, dann sehe ich meist zu Beginn ihrer Ausbildung einen wahren Strom von Bildern und Gedanken, die häufig auch noch von Empfindungen begleitet werden. Da ist es unmöglich, frei von Gedanken zu sein. Doch sobald du merkst, dass du deinen Fokus verlierst, weil andere Gedanken in dein Bewusstsein kommen, geh einfach wieder auf den Fokus zurück, ohne dich darüber aufzuregen, dass du den Fokus verloren hattest. Die meisten Schüler machen am Anfang den Fehler zu versuchen, zwanzig Minuten oder länger zu meditieren, aber nach nicht mal fünf Minuten ist der Fokus vergessen und dann beginnen die Fantasien und Gedanken wie wild um sich zu schlagen. Beginne lieber nur mit fünf Minuten und halte den Fokus, als dass du länger herumsitzt und dich in Träumereien verlierst.

Meditation wird oft falsch verstanden, dann meinen die Menschen, es sei eine Entspannungstechnik. Doch das ist nicht der Fall. Im Grunde hat sie nichts mit Entspannen zu tun, sondern damit zu lernen, die Gedanken auf einen Punkt zu richten und zugleich voll und ganz bei Bewusstsein zu sein und zu bleiben. Wenn uns dies gelingt, so haben wir meist ein monate- oder jahrelanges Training hinter uns. Und das übt dann sicher auch eine entspannende Wirkung auf Körper, Geist und Seele aus.

Wichtig, bevor wir mit Verstorbenen oder Geistführern arbeiten können: Unsere Gedanken sollten uns nicht im Weg stehen, denn sonst fällt es sehr schwer, die Fantasie von der Realität zu unterscheiden. Ich empfehle dir, die nächsten einundzwanzig Tage jeden Tag für fünf Minuten die Einpunkt-

Meditation zu machen, dann einundzwanzig Tage lang je zehn Minuten. So kannst du das langsam steigern, bis du dreißig oder sechzig Minuten oder noch länger meditierst. Wichtig ist: Mach die Schritte in einundzwanzig Tagen, denn diese Zeit braucht dein Gehirn, um neue Verknüpfungen zu erstellen und sich die Meditation als Gewohnheit einzuprägen. Wenn du alles Neue einundzwanzig Tage hindurch einübst, wirst du merken, dass es zu einem Teil von dir wird und du dich nicht mehr zwingen musst.

Ein Tagebuch führen

Wir mussten während unserer Ausbildung ein mediales Tagebuch führen. Ich empfehle das heute jedem, denn dort kannst du dann deine Fortschritte wirklich ablesen. Schreib all deine Erkenntnisse auf, auch wenn sie dir zu Beginn sehr banal vorkommen. Schreib auch all deine Fragen auf; ich bin mir sicher, dass du dann in nächster Zeit auf die Antwort stoßen wirst.

Gerade in Bezug auf die nächsten Übungen solltest du aufschreiben, wo du deine Empfindungen gespürt hast, welche Bilder du bekommen hast, welche Eindrücke, wo du deinen Geistführer gespürt hast, wo du einen Verstorbenen gespürt hast. Schreib einfach alles auf. Wenn du später in deinem Tagebuch liest, wirst du erstens deine Fortschritte besser sehen können und zweitens wird es dir dann leichter fallen, das Erlebte einzuordnen. Ganz wichtig: Egal, wie trivial dir die Dinge erscheinen mögen, schreib sie einfach auf.

Das Positiv-Tagebuch

Meinen Schülern empfehle ich noch eine andere Art von Tagebuchführung. Schreib jeden Tag mindestens eine A4-Seite voll mit dem, was gut an dir und deinem Leben ist. Was du am heutigen Tag gut gemacht hast. Was dir Spaß gemacht hat … einfach alle positiven Erlebnisse. Das hilft, unsere Psyche zu reinigen, und wir trainieren das Gehirn, den positiven Dingen mehr Beachtung zu schenken. Meistens sind wir trainiert worden, das zu sehen, was nicht gut war, was wir noch nicht können oder was wir noch besser machen könnten. Doch wenn wir täglich genau das Gegenteil machen, wenn wir uns täglich damit beschäftigen, was gut ist, werden wir nach dem Resonanzgesetz noch mehr Gutes in unser Leben ziehen. Und wer möchte das wohl nicht? Es ist eine enorm wirkungsvolle Übung, und sie braucht nur wenig Zeit! Doch sie hat auch eine starke Nebenwirkung: Es wird dir dadurch besser gehen, du wirst erfolgreicher, zufriedener und auch gesünder! Ich denke, mit dieser Nebenwirkung können wir alle gut leben.

Geistführer kennenlernen

Ich möchte dir mit der nächsten Übung zeigen, wie du deinen Geistführer erfahren kannst und lernst, Kontakt mit ihm herzustellen. Vorher möchte ich dir noch einige Dinge über Geistführer im Allgemeinen erzählen. Ich werde mich hier nur auf das Wesentliche beschränken.

Eigentlich arbeiten alle Spiritualistischen Medien mit Geistführern. Der Geistführer ist ein Freund und ein Lehrer, jemand, dem man absolut vertrauen kann. Als Kind wusste ich nicht, dass die Freunde in der Geistigen Welt Geistführer sind. Erst in meiner Ausbildung als Medium haben alle über Geistführer gesprochen. Jeder hatte einen, oft waren es Inder, Indianer, Ägypter, Chinesen, Tibeter, Mönche, Nonnen oder andere Vertreter exotischer Richtungen.

Ich habe mich oft gefragt, warum es fast keine Geistführer gibt, die »normal« sind. Mein Hauptgeistführer, der Große Bär, der im Übrigen ein Indianer ist, meinte dazu: »Das liegt nur daran, dass ihr mit diesen Ländern oder mit diesen Berufen etwas Weises identifiziert. Doch wir haben diese Formen schon längst abgelegt und benutzen sie nur noch für euch, manchmal auch als Symbol für das, was wir euch vermitteln möchten. So zeigen sich die Geistführer von Heilern oft als Schamanen, Heiler oder Ärzte. Doch ist das eher ein Symbol dafür, dass sie mit dem Schützling genau diese Fähigkeiten entwickeln möchten oder ihn bei dieser Arbeit unterstützen.«

Heute weiß ich, dass die Form, wie sich uns ein Geistführer zeigt, nicht wichtig ist. Er zeigt sich in jener Form, wie wir ihn annehmen können. Als ich in England war, wo der Spiritualismus enorm verbreitet ist, zeigten sich die Geistführer mir so wie eben erwähnt. Doch wenn ich in der Schweiz Seminare gab, sah ich oft, dass die Geistführer mir als Lichtwesen erschienen, ähnlich wie Engel. Als ich mal nachfragte, warum dies so ist, meinte mein Führer: »Das liegt daran, dass man in der Schweiz weniger von den ›klassischen‹ Geistführern weiß, wie sie in England verbreitet sind, und die Menschen hier eher mit dem Bild von Engeln groß geworden sind. Deswegen passen wir uns der jeweiligen Kultur an, denn wir wollen, dass die Menschen uns annehmen und akzeptieren können. So zeigen wir uns so, wie es für den jeweiligen Menschen stimmt.«

Das wirft natürlich die Frage auf, ob Schutzengel und Geistführer dasselbe ist. Diese Frage lässt sich definitiv mit Nein beantworten. Der Schutzengel ist verantwortlich für unseren Lebensplan, er ist im Grunde nicht der Beschützer des Menschen, sondern eher der Beschützer des Lebensplans. Er schaut darauf, dass der Mensch auf dem Weg bleibt, um seinen Plan zu erfüllen. Das ist eine enorm schwierige Aufgabe, denn wir haben den freien Willen, und auch der Schutzengel kann diesen nicht beeinflussen. Der Schutzengel und auch Engel allgemein hatten nie einen Körper, sie waren nie inkarniert. Der Geistführer dagegen kennt das Rad der Wiedergeburt, er kennt alle Vor- und Nachteile auf der Erde und in Bezug auf den Körper.

Jeder Mensch hat einen Geistführer, auch wenn er nicht bewusst mit ihm in Kontakt steht. Jeder hat einen Hauptführer, der von der Geburt bis zum Tod bei ihm ist, manchmal auch für mehrere Inkarnationen. Der Schutzengel ist von der ersten bis zur letzten Inkarnation bei uns, dies ist ein weiterer Unterschied. Neben dem Hauptgeistführer kann es sein, dass wir noch andere Geistführer bei uns haben; das muss aber nicht sein. Und sie können auch immer mal wieder wechseln.

Geistführer sind im Grunde Experten. Wenn ich als Medium arbeite, habe ich Geistführer, die sich sehr gut mit dieser Materie auskennen und mich dabei lehren und unterstützen. Beginne ich jetzt mit dem Klavierspielen, kommt sicher ein anderer Geistführer hinzu, der darin Experte ist und mich noch besser unterstützen kann. Sollte ich aber keinen Spaß mehr am Klavierspielen haben, bleibt dieser Geistführer nicht bei mir, sondern sucht sich jemand anderen, der seine Dienste brauchen kann.

Außer dem Hauptführer wechseln die Geistführer, die bei uns sind, immer mal wieder. Denn es könnte ja sein, dass ich einen bestimmten Geistführer bekomme, wenn ich mit dem Klavier anfange, und zehn Jahre später einen anderen, der noch mehr Ahnung vom Klavierspielen hat. Auch Geistführer befinden sich noch in der eigenen weiteren Entwicklung. Diese Wesen sind zwar schon sehr weit vorangeschritten, doch noch lange nicht am Ende. Auch sie lernen noch mit jedem Tag Neues hinzu. Wichtig ist auch Folgendes: Obwohl die Geistführer auf der Erde gelebt haben, kann nie ein Familienmitglied oder eine Person, die wir kannten, unser Geistführer werden. Es gibt zwar durchaus Verstorbene, die uns aus der Geistigen Welt unterstützen, doch sind sie Geisthelfer und keine Geistführer. Ein Geisthelfer hat noch nicht dieselbe Entwicklung hinter sich wie ein Geistführer.

Für mich ist ein Geistführer wie ein guter Freund, der mich berät und mir hilft. Aber ich denke, man sollte sich nicht nur in schlechten Zeiten an ihn wenden, sondern täglich mit diesem Freund das Zwiegespräch suchen und mit ihm arbeiten.

Oft werde ich gefragt: »Wie soll ich mit meinem Geistführer umgehen, wie soll ich ihn behandeln?« Ich sage dann immer: »Behandle ihn so wie deinen besten Freund, dann machst du alles richtig.« Am Anfang ist es nicht leicht, diese Verbindung aufzubauen und darauf auch zu vertrauen, aber hast du es einmal geschafft, dann hast du einen Freund fürs Leben und meistens sogar darüber hinaus. Du musst wissen, dass es vielleicht Monate oder Jahre braucht, bis eine klare Verbindung besteht, aber es lohnt sich wirklich, dafür Geduld und Zeit aufzuwenden.

Das Problem mit den Geistführern besteht darin, dass manche Menschen einen völlig falschen Umgang mit ihnen haben und sich oft auch ein falsches Bild machen. Es gibt Menschen, die dekorieren plötzlich die Wohnung ganz anders, weil sie erfahren haben, dass ihr Geistführer Tibeter ist! Sie hängen dann überall Bilder vom Dalai Lama auf, zünden nur noch tibetische Räucherstäbchen an und verbannen alles, was in China hergestellt wurde, aus ihrem Leben. Dem Geistführer allerdings ist das so was von egal! Er zeigt sich unter Umständen zwar als Tibeter, als Symbol dafür, dass er ein Meister der Meditation oder des Heilens ist. Da wird ihn billiger Ramsch aus China aber bestimmt nicht stören.

Oft höre ich auch: »Ich kann dies oder jenes leider nicht machen, mein Geistführer hat es mir verboten!« Das ist – sorry – Schwachsinn, ein Geistführer verbietet nie! Er macht uns vielleicht auf etwas aufmerksam, aber wir selbst haben und behalten die Entscheidung, ob wir etwas machen möchten oder nicht. Außerdem möchte kein wahrer Geistführer, dass wir »nach seiner Pfeife tanzen«. Sie führen uns so, dass wir durch das Erleben auch manchmal von etwas Unangenehmem lernen können. Nie verbieten oder befehlen sie uns etwas. Wenn das vorzukommen scheint, entspringt es der Fantasie des jeweiligen Menschen und hat nichts mit dem Geistführer zu tun.

Wir dürfen den Führer auf der anderen Seite auch nicht mit einem Diener verwechseln. Oft bitten die Menschen ihre Geistführer, ihnen einen Parkplatz zu reservieren, für sie einen Partner zu suchen, einen Job oder Freunde zu finden, ihnen Klienten zu bringen und und und. Das sind aber nicht die Aufgaben eines Geistführers. Frage dich, ob du solche Jobs deinem besten Freund zumuten würdest. Natürlich kann uns der Geistführer in solchen Dingen unterstützen, und das tut er auch. Aber es geht nicht darum, dass er die Arbeit macht, derweil ich faul zu Hause auf dem Sofa herumsitze – so kann sich nichts bewegen! Ich kann ihn vielmehr bitten, mich zu führen und mir Zeichen zu schicken, damit ich den richtigen Job oder Freund oder Partner für mich finden oder erkennen kann. Doch ich selbst muss etwas dafür tun und ihn nicht nur einfach bitten und meinen, damit sei schon alles gut und getan. Für mich sind Menschen, die so mit Geistführern oder auch mit Engeln umgehen, extrem respektlos. Ich finde, man sollte auch die Geistwesen ehren.

Es gibt immer wieder Medien, die erzählen, dass ganz berühmte Personen ihre Geistführer sind. Das beginnt bei Jesus, Maria und Johannes dem Täufer und geht über Jeanne d'Arc und andere bis hin zu John Lennon, Elvis Presley und endet dann bei Michael Jackson. Nicht einmal das ist dem armen Michael Jackson erspart geblieben! Es gibt doch wirklich schon einige durchgeknallte Medien, die behaupten, Michael singe und spreche durch sie. Gott möge ihn segnen und diesen Medien helfen. Ich kann dazu nur sagen: Ein richtiger Geistführer hat es nicht nötig, sich mit falschen Federn zu schmücken, und ein wahres Medium braucht das auch nicht.

Der Geistführer ist für jedes Spiritualistische Medium enorm wichtig, denn er unterstützt es bei der Arbeit. Ich möchte auf die Freunde in der unsichtbaren Welt nicht verzichten. Es kommt oft vor, dass mir die Geistführer bei einer Jenseitslesung helfen, wenn ich nicht mehr weiterkomme. Einmal habe ich einer Dame eine Beratung gegeben und es hat sich ein Mann aus der Geistigen Welt gemeldet; ich habe Namen und genaue Details bekommen. Doch sie konnte nichts damit anfangen! Ich wollte um jemand anderen aus der Geistigen Welt bitten, denn es macht keinen Sinn, eine Sitzung mit jemandem zu geben, den der Klient offenbar nicht kennt oder nicht verstehen kann. Ich bat also um eine neue Verbindung, doch es kam keine zustande. Ich sah immer nur diesen Mann, der mir sagte: »Ich bin ihr Liebhaber gewesen! Sagen Sie ihr das!« Ich gab es weiter. Die Frau schaute mich energisch an und meinte: »Ich sagte doch, ich kenne den Mann nicht! Sind Sie nun ein gutes Medium oder nicht!« Ich entschuldigte mich und wollte gerade die Sitzung abbrechen, als ich spürte, dass mein Geistführer ganz nahe herankam und meinte: »Sie lügt! Er war ihr Liebhaber! Sag ihr, sie soll nicht lügen!« Ich war jetzt in einer blöden Situation, und doch fand ich den Mut und sagte: »Kann es sein, dass Sie schwindeln?« Plötzlich begann die Frau zu weinen und meinte: »Ja, okay, ich kenne ihn, und er war mein Liebhaber. Aber er hat mich verlassen, und ich will nichts mehr von ihm hören!« Jetzt waren auf einmal alle Dämme gebrochen und ich durfte den Kontakt geben. Eine alte Geschichte konnte nun Heilung finden. Hätte ich aber meinen Geistführer nicht gehabt, dann wäre hier nie etwas aufgelöst worden. Ich hätte die Sitzung in dieser Situation abgebrochen. So oft haben mir meine Geistführer geholfen oder wertvolle Ratschläge gegeben!

In der nächsten Übung möchte ich dich und deinen Geistführer zusammenführen. Du kannst sie mit dem Geistführer, aber auch mit Verstorbenen machen, das spielt keine Rolle. Nimm dir genügend Zeit; am besten wäre es, wenn du dir die folgende Meditation auf Band sprichst. Lass aber genügend Zeit zwischen den einzelnen Abschnitten. Ich empfehle bei der Übung das Sitzen auf einem Stuhl und nicht das Liegen auf dem Sofa oder Bett.

Lass den Geistführer oder Verstorbenen nähertreten

- Setz dich auf einen Stuhl und mach es dir bequem.
- Erlaube deinem Körper, ruhig und still zu werden. Beobachte deinen Atem, doch verändere deinen natürlichen Atemrhythmus nicht.
- Schließe nun die Augen und entspann dich bei jedem Ausatmen mehr und mehr.
- Atme tief durch die Nase ein, bis in den Bauch – während du ausatmest, denke an Entspannung.
- Achte für die nächsten Minuten nur auf deinen Atem und nimm wahr, wie dein Körper immer ruhiger, entspannter und schwerer wird.
- Stell dir nun in deinem Herzen dein Göttliches Licht vor und nimm wahr, wie es mit jedem Einatmen immer größer und heller wird. Lass dein göttliches Licht sich in die dunkelste Ecke deiner Seele und in jede Zelle deines Körpers ausdehnen. Fühle dabei die pulsierende Harmonie, die dich umgibt und deinen Körper erfüllt.
- Lass dir Zeit und achte darauf, dass du wirklich ganz erfüllt bist vom göttlichen Licht. Sobald dein ganzer Körper in diese ruhige und angenehme Energie gehüllt ist, dehne dein Licht über deinen Körper hinaus in deine Aura aus. Erfülle auch deine Aura mit deinem Licht bis etwa fünfzig bis achtzig Zentimeter um deinen Körper herum.
- Fühle diese kraftvolle pulsierende Energie. Achte darauf, wie sich die Energie um dich herum anfühlt. Achte auf jede Kleinigkeit.

- Jetzt ist es Zeit, deinen Geistführer (oder den Verstorbenen) zu bitten, näher zu kommen. Sende diese Bitte in Gedanken aus und versuche wahrzunehmen, ob sich etwas verändert. Das kann in deinem Körper oder um dich herum geschehen; achte auf die kleinsten Veränderungen.

- Merke dir das Gefühl, wie es ist, wenn sich dein Geistführer mit dir verbindet. Es kann sein, dass du ein leichtes Ziehen im Nacken oder Wärme, Kälte, Kribbeln oder eine leichte Berührung fühlst. Versuche, diese Empfindungen zu akzeptieren und nicht zu bewerten.

- Mach dich mit den Veränderungen, die du wahrnehmen kannst, vertraut. Denn die Energie und die Veränderungen, die du jetzt spüren kannst, könnte man als die »Visitenkarte« deines Geistführers bezeichnen. Auch wenn die Veränderung vielleicht noch so gering ist, akzeptiere sie dennoch.

- Versuche wahrzunehmen, welche Informationen dein Geistführer für dich hat. Mach deinen Kopf dafür frei und stell innerlich keine unnötigen Fragen. Achte darauf, was dein Geistführer dir mitteilen möchte, und fokussiere dich nicht darauf, was du wissen möchtest.

- Lass dir Zeit, genieße das Zusammensein. Du musst nicht jetzt im Moment alle Informationen von deinem Geistführer verstehen. Oft ergeben sich später Situationen, in denen ganz klar wird, was er dir mitteilen wollte.

- Erlaube eine tiefe Verbindung zu deinem Geistführer, bitte ihn, er möge noch nähertreten; achte darauf, ob sich deine Empfindungen verstärken. Fühle, wie seine Energie dir Heilung gibt, wie sich Trauer, Blockaden, Schmerzen oder sonstige Störfelder auflösen und in Licht und Liebe verwandeln. Lass diese Heilung zu, nimm diese Energie an.

- Sitze für einige Minuten in der heilenden Energie deines Geist-führers.
- Sobald du dich bis in jede Zelle geheilt und mit Licht er-füllt fühlst, bedanke dich bei deinem Geistführer, dass er für diese Übung gekommen ist. Bitte ihn dann, langsam zurück-zutreten.
- Nimm die Veränderung der Energie um dich herum wahr, wenn dein Geistführer sich von dir löst.
- Fokussiere dich wieder auf deinen Atem, spüre dein tiefes Ein- und Ausatmen. Lass dich langsam von deinem Atem zurück ins Hier und Jetzt führen, nimm dir dafür Zeit.
- Erst wenn du wieder ganz da bist, öffne langsam deine Augen.

Ein wichtiger Hinweis: Mir ist bewusst, dass diese Übung für Anfänger nicht ganz leicht ist, weil man immer nach einer Be-stätigung sucht, ob das Erlebte wirklich echt ist oder nicht. Das ist normal und menschlich. Die meisten sind auf der Su-che nach Bestätigung und gehen dann so verkrampft in eine Übung, dass natürlich der Geistführer auch nicht klar durch-kommen wird. Versuche, die Übung ohne Erwartungen zu machen, und probiere sie vielleicht auch ein paarmal. Mit der Zeit wirst du feststellen, dass du immer dieselbe Energie wahr-nehmen kannst oder immer an derselben Stelle deines Körpers einen Druck oder etwas anderes fühlst. So kannst du mit der Zeit die Sicherheit erlangen, dass es sich um deinen Führer handelt. Erwarte nicht gleich klare Bilder oder dass du seine Stimme so hörst wie die eines Menschen. Wenn man sehr viel Zeit mit seinem neuen Freund verbringt, kann man klare Bil-der bekommen, und die Botschaften werden auch sehr deut-lich, doch dafür braucht es einfach ein bisschen Geduld. Hinterfrage nicht jedes Gefühl, das du gespürt hast, ob es echt ist oder nicht; das würde die ganze Übung zerstören.

Sag es deinem Geistführer aber auch, wenn du eine Bestätigung suchst – du wirst sie erhalten. Bestätigungen sind wichtig, doch erzwinge sie nicht, denn das geht meistens in die Hose. Ich weiß noch, als ich meinen Hauptführer Großer Bär kennenlernte und seinen Namen bekam, war ich total unsicher, ob er wirklich Großer Bär heißt. Im Übrigen habe ich ihn erst so mit Anfang zwanzig wahrgenommen und war da schon in der Ausbildung zum Medium. Erst dann hatte sich mein Hauptführer also gemeldet; vorher hielt er sich schön im Hintergrund.

Ich wollte also wissen, ob der Name real ist, und war bei einer Sitzung bei meinem Lehrer Andy. Der sagte: »Ich sehe deinen Geistführer, es ist ein Indianer und er zeigt mir immer das Sternbild des Großen Bären und sagt: Das bin ich! Dann zeigt er mir das Sternbild des Kleinen Bären und sagt: Das bist du! Macht das Sinn für dich?« Klar machte es Sinn, denn er benutzte das Sternbild als Symbol für seinen Namen! Doch war ich ja ein Zweifelpeter, und obschon ich sehr viel von Andys Fähigkeiten halte, wollte ich noch mehr Beweise! Kurze Zeit später war eine englische Lehrerin von mir in der Schweiz, Gyan Deveraux, und ich besuchte eine Beratung bei ihr. Gyan ist ein enorm gutes Medium und ich durfte viel von ihr lernen. Vor kurzer Zeit ging sie zurück in die Geistige Welt, zurück in ihre Heimat. Ich möchte ihr hier von Herzen nochmals danken: Durch sie durfte ich erfahren, wie wichtig es ist, die Verwirklichung des Göttlichen als Fokus zu haben. Sie lehrte, dass alles, was wir tun, dem Ziel dienen sollte, Gott zu realisieren. Gyan war darin ein leuchtendes Vorbild. Eine richtige

Bhakti Yogini, ein Mensch, der sein Leben der Liebe und der Hingabe an Gott widmet.

Jedenfalls durfte ich damals also bei ihr eine Sitzung haben, und sehr bald meinte sie: »Oh, dein Geistführer ist stark hier, und er möchte, dass du weißt, dass du ihm vertrauen kannst. Es ist ein Indianer, und wenn ich frage, wie er heißt, zeigt er mir immer einen riesengroßen schwarzen Bären! Er gibt mir aber das Gefühl, dass du seinen Namen schon bekommen hast. Ist es Schwarzer Bär?«

»Nein, Großer Bär, deswegen zeigt er den riesengroßen Bären!«

»Oh, stimmt, wie konnte ich das nur übersehen!« Wir mussten beide lachen. Ich hatte meine Bestätigung und habe nie mehr daran gezweifelt.

Heute ist es mir nicht mehr wichtig, wie ein neuer Geistführer, den ich an meiner Seite wahrnehme, heißt oder wie er aussieht. Ich konzentriere mich nur auf seine Energie und merke mir diese. Ich kann alle Führer aufgrund ihrer Energie auseinanderhalten und muss sie noch nicht einmal sehen. Doch am Anfang will man Beweise, und das ist normal. Mach dir aber keinen Druck, dein Geistführer wird dir deine Beweise geben, sobald du bereit dafür bist. Führe vorher wirklich oft die Übung durch und verbringe viel Zeit mit deinem Geistführer.

Um Zeichen bitten

Wie ich schon geschrieben habe, ist es den Verstorbenen manchmal möglich, uns Zeichen über elektrische Geräte oder Klopfgeräusche oder gar durch das Verschieben von Gegenständen zu geben. Doch hier möchte ich von subtileren Zeichen sprechen, die sowohl für Verstorbene als auch für Geistführer viel leichter zu geben sind.

Es geht nämlich um Zeichen, die uns »das Leben« gibt. Du kennst das bestimmt: Du überlegst gerade, ob du dich zum Beispiel als Medium ausbilden lassen sollst. Jetzt triffst du einen alten Freund, und der erzählt dir, dass er die Ausbildung zum Medium macht. Du denkst noch: »So ein Zufall!« Dann gehst du nach Hause, schaltest das Fernsehen ein, und dort kommt ein Bericht über ein Medium; natürlich ist dies der zweite »Zufall«. Du nimmst deine gewohnte Tageszeitung, und dort ist wieder ein Bericht von einem Medium oder einer medialen Ausbildung zu finden! Richtig: der dritte »Zufall«! Doch dies sind keine Zufälle, sondern es sind die Geistwesen, die uns führen oder uns zeigen möchten, dass sie es gut finden, was wir machen wollen.

Klar, nicht auf jede Frage kommen klare Zeichen, doch bei allen wichtigen kannst du dir sicher sein. Wenn wir sie nicht erhalten, haben wir sie meist nur übersehen oder eben als Zufall abgetan. Achte in Zukunft auf solche Hinweise; sie können auch von fremden Personen kommen, von »zufälligen« Begegnungen, vom Radio, aus Magazinen oder Zeitungen, durch Freunde, Symbole, Nummern oder oder oder.

Für die Geistige Welt ist es viel einfacher, uns so zu beeinflussen, dass wir ein bestimmtes Magazin lesen und dort die

Lösung finden, oder uns zu animieren, mit einer Person ins Gespräch zu kommen, als dass sie Gegenstände durch die Luft fliegen lässt oder wir klare Stimmen aus dem Jenseits hören. Viele Menschen sagen mir: »Ich würde so gern die Verstorbenen oder meinen Geistführer hören! Am liebsten ganz deutlich, so wie ich dich höre!« Das würde ich auch gern, aber ich denke, die meisten von uns hätten die Hosen ganz schön voll, wenn wir wirklich aus dem Nichts klare Stimmen hören würden!

Das Tolle an dieser Zeichensprache ist, dass sie jeder verstehen kann. Gleich, wie stark seine außersinnlichen Fähigkeiten sind oder nicht, egal wie oft er trainiert oder nicht: Das kann wirklich jeder. Ich bin mir im Klaren, dass es viele Leser gibt, die nicht stundenlang meditieren wollen oder Medium werden möchten, sondern die sich einfach ein Zeichen aus der Geistigen Welt wünschen. Für sie ist diese simple Übung gedacht, einfach die Geistführer oder Verstorbenen um Zeichen zu bitten und dann im Alltag auf die Antworten zu achten.

Doch auch hier gilt: Gib der Geistigen Welt Zeit, dir die Zeichen zu schicken. Und noch ein Tipp: Am Anfang sind die Zeichen nicht so leicht zu erkennen oder sie kommen nicht so oft. Wenn du aber viel mit dem arbeitest, was du empfängst, kommen sie immer öfter. Ich bekomme täglich Zeichen von der Geistigen Welt, denn dies ist auch für mich der einfachste Weg.

Bewusstes Ein- und Ausschalten

Es ist gut zu wissen, wie man die außersinnliche Wahrneh-
mungsfähigkeit ein- und ausschaltet, denn nicht immer, wenn
wir es wünschen, ist die Geistige Welt da und kommuniziert
mit uns. Und nicht an jedem Ort, an dem ich bin, möchte ich
Verstorbene wahrnehmen. Ich finde es vor allem wichtig, das
Ein- und Ausschalten im Umgang mit Verstorbenen anzuwen-
den. Meine Geistführer dürfen im Grunde immer Inputs geben, denn sie wissen genau, wann ich dafür zu haben bin und
wann nicht. Verstorbene nutzen natürlich jede Gelegenheit,
die sich bietet, doch möchte ich nicht überall Verstorbene
wahrnehmen. Es nützt nichts, wenn ich zum Beispiel beim
Einkaufen bin und einen Verstorbenen des Kunden vor mir
sehe. Ich kann ja dann schlecht zu ihm hingehen und sagen:
»Entschuldigen Sie … Ihr toter Vater möchte mit Ihnen sprechen. Hätten Sie kurz Zeit?« Ich denke nicht, dass das gut ankommen würde. Ich schätze, ich würde dann relativ schnell
eine spezielle Designerjacke tragen, die man auch Zwangs-
jacke nennt. Es ist sehr wichtig, immer auszuschalten, wenn
man nicht übt oder medial bei der Arbeit ist. Es gibt natürlich
viele Varianten, wie man dies machen kann. Ich denke, jedes
Medium hat seine eigene Methode, die wirkt. Ich möchte dir
hier einige Möglichkeiten aufzeigen.

Die Wahrnehmungsfähigkeit einschalten

Bevor man lernen kann auszuschalten, müssen die meisten erst
lernen einzuschalten. Es gibt diverse Möglichkeiten, um das zu
tun. Du kannst dir vor deinem geistigen Auge beispielsweise
einen großen Lichtschalter vorstellen. Auf der einen Seite steht

»Ein« und auf der anderen Seite »Aus«. Der Schalter steht auf »Aus« und du drückst ihn bewusst auf »Ein«. Wenn du dies immer machst, bevor du beginnst, wird dies automatisch dein Einschaltknopf.

Du kannst aber auch einfach ein kurzes Gebet sprechen, am besten immer dasselbe. Dann ist dies wie der Schalter, den du auf »Ein« stellst. Ich mache es mir immer ganz einfach, indem ich zu meinen Geistführern sage: »Jungs, die Arbeit beginnt!« Dies ist mein persönliches Einschalten.

Wichtig ist einfach, dass man jedes Mal vor einer Meditation, bei der man mit der Geistigen Welt in Kontakt treten möchte, einschaltet. Bei der Einpunkt-Meditation ist dies nicht nötig und auch nicht sinnvoll, weil man ja keinen Kontakt zur Geistigen Welt möchte; es geht dabei ja nur darum, den eigenen Fokus zu stärken.

Oft erzählen mir Menschen, dass sich Verstorbene oder auch Geistführer zu Hause in das Privatleben einmischen. Das ist ein eindeutiges Indiz, dass nicht gelernt wurde, ein- und dann auch wieder auszuschalten. Auch ich konnte früher nicht ausschalten, doch heute weiß ich, dass ich ganz oft die Verbindung zur Geistigen Welt gesucht habe. Im Grunde genommen ist das Ausschalten genau so einfach wie das Einschalten.

Die Wahrnehmungsfähigkeit ausschalten

Wenn du mit dem Lichtschalter deine außersinnliche Wahrnehmung eingeschaltet hast, kannst du sie auch genauso leicht wieder ausschalten. Ich mache es wieder ganz einfach, indem ich mich bei der Geistigen Welt für die Zusammenarbeit bedanke und dann fühle, wie sie sich sofort zurückzieht. Du wirst schnell sehen:

Wenn du die Disziplin aufbringst, immer ein- und auszuschalten, wird es mit der Zeit etwas sehr Natürliches. Wichtig ist die Regelmäßigkeit. Ich denke heute nicht mehr über das Ein- und Ausschalten nach, es passiert ganz automatisch.

Am Anfang erzählen mir Schüler oft, dass sie nicht abschalten können, dass sich die Geistige Welt immer und überall zeigt. Das ist nicht wirklich der Fall; vielmehr kann meistens das angehende Medium nicht ganz loslassen. Wir haben es endlich geschafft, etwas wahrzunehmen, und haben Angst, die Verbindung abzubrechen, weil wir denken, wir könnten sie vielleicht nicht wieder aufbauen. Dies war auch bei mir früher der Fall. Ich fühlte mich manchmal belästigt von all den Eindrücken, die ich wahrnahm – und doch wollte ich unbewusst so viel wie möglich mitkriegen, weil ich ja diese Fähigkeiten gerade erwerben wollte. Immer wenn du nicht ausschalten kannst, mach dir bewusst, dass du selbst gerade nicht loslässt.

Ein wichtiger Tipp noch, falls du wirklich Mühe hast, aus- oder einzuschalten: Übe immer am selben Ort. Ich schalte nur in der Praxis oder an einem Seminarort ein. Gib keine Readings, wenn du unterwegs oder nicht an deinem Übungsplatz oder in deinem Beratungsraum bist. Wenn du dich daran hältst, wirst du automatisch beim Ankommen in der Praxis ein- und beim Verlassen wieder ausschalten. Somit wird es keine Probleme geben.

Wenn du ausgeschaltet bist, eine Notsituation auftaucht und du deinen Geistführer brauchst, wird er sofort da sein. Darüber brauchst du dir keine Sorgen zu machen. Denn oft ist genau das eine Angst von Anfängern, dass sie vielleicht, wenn sie auf »Aus« stellen, wichtige Impulse vom Geistführer nicht mehr bekämen. Nach meiner Erfahrung ist eher das Gegenteil der Fall. Ich nehme die Inputs viel besser wahr, weil ich nicht ständig irgendwelche Infos aus der Geistigen Welt erwarte oder bekomme. Wenn ich ausgeschaltet bin, erhalte ich einfach nur noch die ganz Wichtigen! Die Unwichtigeren bekomme ich dann, wenn ich mich einschalte und mich für die Spirits in der Geistigen Welt öffne.

Kontakt zu einem fremden Verstorbenen

Immer wieder werde ich gefragt: »Wie weiß ich, ob das, was ich wahrnehme, real ist?« Meine Antwort lautet dann immer: »Arbeite so wie ein Spiritualistisches Medium, arbeite auf der Beweisebene. Das heißt, du erzählst genaue Details, und dein Klient darf nur Ja und Nein sagen!« Nur so weiß man sehr bald, was real ist und was nicht.

Wichtig ist aber auch gerade am Anfang, dass es völlig normal ist, Fehler zu machen. Sicher ist es am besten, diese Übungen in einem Entwicklungszirkel zu machen. Doch wenn dir das nicht möglich ist, suche einen Bekannten auf, von dem du keine Ahnung hast, wer bei ihm schon gestorben ist. Erkläre ihm genau, was du mit ihm vorhast und dass du auf deine Aussagen unbedingt eine Antwort möchtest. Denn nur so weißt du, was richtig und was falsch ist.

Fremde Verstorbene wahrnehmen

Setz dich deinem Übungspartner gegenüber und schalte deine außersinnliche Wahrnehmung ein, so wie du es für dich gelernt hast. Sobald du eingeschaltet bist, bitte die Geistige Welt um einen Kontakt mit einem Verstorbenen von deinem Übungsklienten. Achte dann auf alle Eindrücke, nicht nur auf Bilder, sondern beachte alle Hellsinne. Sobald du spürst, dass jemand neben dich getreten ist, versuche wahrzunehmen, ob es sich um eine Frau oder einen Mann handelt. Sobald du dies hast, probiere das Alter mit deinen Hellsinnen zu erfahren, dann die Verbindung zu deinem Klienten, finde also heraus, um wen es sich handelt. Wichtig ist immer, deinen Übungsklienten zu fragen. Er weiß sofort, ob das Gesagte stimmt oder nicht.

Ich habe dir eine Liste mit Punkten zusammengestellt, die du von dem Verstorbenen erfahren kannst. Gib all das an deinen Klienten weiter. Bemüh dich anfangs nicht, alle Punkte von dem Verstorbenen zu erfahren, nur so viele, bis es für den Klienten klar ist, wer bei euch ist. Mit der Zeit kannst du dann alle Punkte mit einbeziehen. Lass dich am Anfang nicht irritieren, wenn es nicht auf Anhieb klappt, sondern übe weiter und denke immer daran, dass das Üben dir auch Spaß machen soll.

- Geschlecht
- Alter
- Verbindung zum Übungspartner
- Besondere Merkmale am Körper
- Charakter
- Familienstand, Kinder
- Gemeinsame Erinnerungen
- Frühere Wohnsituation, Besonderheiten am Wohnort, beispielsweise mit einem Fluss in der Nähe, einem See, einem Atomkraftwerk, einer Grenze
- Hobbys
- Beruf

- Spezielle Daten wie Geburtstage, Hochzeitstage, Todestage
- Name(n)
- Begebenheiten im Leben des Übungspartners seit dem Tod des Verstorbenen
- Erbstücke
- Ablauf der Trauerfeier
- Todesursache

Diese Liste kannst du natürlich ins Unermessliche ausdehnen. Es kann auch sein, dass dir einige Dinge besonders gut liegen und bei anderen gelingt es dir nie, eine Antwort zu bekommen. Das ist normal; auch ich bekomme bei manchen Fragen eine genauere Antwort als bei anderen. Doch mit der Zeit findest du deine Stärken heraus. Wenn du diese Übung gut meisterst, wirst du bald wissen, wie viel real ist und wie viel noch nicht.

Am Schluss dieses Kapitels möchte ich nochmals klar betonen, dass es unglaublich schwer wäre, nur mit diesem Buch zum Medium zu werden. Solltest du Spaß an dieser Arbeit haben und das als deine Berufung entdecken, dann lass dich seriös ausbilden. Doch diese Übungen können dir immerhin helfen, deine Fähigkeiten für den Hausgebrauch zu entdecken und zu trainieren.

Schlusswort

Liebe Leserin, lieber Leser, nun sind wir am Ende dieses Buches und am Ende unseres gemeinsamen Weges angekommen. Ich hoffe sehr, dass es mir gelungen ist, dir die Geistige Welt ein bisschen näherzubringen und dir die Angst vor dem Tod zu nehmen. Falls du jemanden verloren hast, hoffe ich, dass mein Buch deinen Schmerz ein bisschen lindern konnte. Ich bin sehr froh, wenn ich dir das vermitteln konnte. Sollte es mir jedoch nicht gelungen sein, dann bitte: Zweifle nicht an der Geistigen Welt oder daran, dass es ein Leben nach dem physischen Tod gibt. Zweifle höchstens an mir, weil ich es dir nicht so gut nahebringen konnte, dass es für dich stimmig wird und deine Zweifel aus dem Weg räumt. Suche weiter, du wirst deine Heilung finden, davon bin ich überzeugt (und dann habe ich mein Ziel doch noch erreicht).

Obwohl ich jetzt schon einige Jahre als Medium arbeite, bin ich immer noch fasziniert von all dem, was ich erleben darf. Bereits die Tatsache, dass ich diese paar Stunden mit dir verbringen durfte, ist für mich unglaublich. Falls du auch in der Ausbildung zum Medium bist oder einen Wunsch in diese Richtung hast, zweifle nie daran, dass du ihn erfüllen und dass du deine Berufung leben kannst. Vielleicht ist es nicht immer leicht, doch wenn es deine Berufung ist, wirst du deinen Weg erfolgreich gehen können. Ich möchte, dass du weißt, dass auch bei mir nicht alle immer und sofort an mich geglaubt haben. Es gab sogar einige Lehrer, die mir wiederholt sagten, ich sollte etwas anderes arbeiten: »Als Medium wirst du nie genügend Geld verdienen, um davon leben zu können!«

Doch dies schreckte mich nicht ab. Ja, es war anfangs hart und, ja, ich konnte am Anfang nur gerade überleben. Doch war ich damals genau so glücklich wie heute! Heute kennt man mich zwar in vielen europäischen Ländern, dennoch ist die Freude damals genau so groß gewesen. Ich war damals schon sehr dankbar, dass ich als Medium arbeiten durfte. Ich wünsche mir, dass du an deine eigenen Wünsche glaubst und sie sich erfüllen.

Dazu kommt mir immer wieder die wichtige Botschaft in den Sinn, die viele Verstorbene mir für ihre Lieben mit auf den Weg gaben: »Wir sind dann glücklich, wenn du glücklich bist. Bedenke: Wir sind gestorben, nicht du! Mach was aus deinem Leben und lebe. Genieße jeden Tag!« Ich versuche das wirklich umzusetzen, jeden Tag das Leben zu genießen.

Diese kurze Zeit, die wir hier auf der Erde haben, sollten wir nutzen, damit wir so viel wie möglich von unserem Lebensplan erfüllen können. Auch wenn wir einen Lebensplan haben, heißt das nicht, dass wir dem Schicksal ausgeliefert sind. Das möchte ich nochmals deutlich betonen. Wir haben die Macht, hier auf der Erde alles zu erreichen, denn wir sind Schöpfer und auch, wenn wir alles erreichen und ein wunderbares Leben führen, können wir dabei und damit den Lebensplan erfüllen! Wir sind hier nicht in einer Schule, wo das Lernen nur anstrengend und mies ist, sondern wir selbst entscheiden, ob wir an den Aufgaben, die uns das Leben stellt, wachsen wollen und eine positive Bilanz ziehen oder ob wir bei jeder kleinen Aufgabe aufgeben oder gar zerbrechen!

Mach dir bewusst: Nichts, was in deinem Lebensplan steht,

kann dich »zerstören«, alle Aufgaben hast du so gewählt, dass du sie erfolgreich beenden kannst. Du entscheidest aber selbst, ob du das tust oder nicht. Dein Denken und deine Haltung entscheiden darüber. Du bist Schöpfer, also beginne, ein neues Leben zu schöpfen und zu erschaffen. Mach dir auch bewusst, dass du die Ewigkeit vor dir hast, du hast unendlich viel Zeit! Du bist unzerstörbar, du kannst nicht sterben. Du lebst nicht nur die vielleicht achtzig bis hundertzwanzig Jahre hier auf der Erde, sondern du bist Ewiges Göttliches Bewusstsein, du lebst ewig! So, ich höre jetzt an dieser Stelle auf, bevor ich noch weiter abdrifte. Doch waren mir diese Worte noch wichtig, und ich hoffe, sie begleiten dich durch die nächste Zeit.

Ich danke dir für die Zeit, die du mir geschenkt hast. Auch wenn ich dich nicht kenne, bin ich dir dankbar dafür, dass es dich gibt. Denn du und ich – wir sind auf demselben Weg, auf dem Weg zur Einheit mit Gott.

Nur das Beste für dich!

Pascal

Danksagung

Ich möchte an dieser Stelle einigen Menschen danken, die mir sehr wichtig sind:

Großen Dank an meine Mutter. Danke, dass du immer an mich geglaubt und mich unterstützt hast; ich weiß, es war nicht immer einfach! Worte reichen nicht aus, um zu beschreiben, wie dankbar ich dir bin.

Danke auch an meine große Schwester; danke einfach für dein Sein und dass du immer da bist, wenn man dich braucht. Ich bin stolz auf dich und dankbar, dein Bruder in diesem Leben zu sein.

Danke an meinen besten Freund Pablo: Du bist das, was man einen wahren Freund nennt. Mehr gibt es dazu nicht zu sagen, einfach danke.

Bahar danke ich für ihren großen Einsatz und ihre wunderbaren Beiträge, die für meine Entwicklung und für die Arbeit im Center bei Basel prägend waren.

Großen Dank an Arlette Widmer, die als meine Schülerin begann und mit der mich heute eine tiefe Freundschaft verbindet. Ich danke für deinen unermüdlichen Einsatz im Center. Du bist eine wunderbare Lehrerin und eine Bereicherung für alle dort. Danke ebenfalls an deinen Mann, auch er ist ein wahrer Freund.

Ohne Wulfing von Rohr gäbe es dieses Buch nicht. Danke für deine Unterstützung, dein enormes Wissen und dafür, dass du es mit uns teilst. Es ist gut zu wissen, dass du mich unterstützt.

Dank auch an den Ansata Verlag für das Vertrauen, ein Buch mit mir zu machen.

Besonderen Dank an Sabine Giger: Du warst die Erste, die an mich geglaubt hat, und das werde ich nie vergessen.

Danke an alle meine Lehrer, auch wenn ich nur wenige namentlich erwähne: Andy Schwab, Sabine Wolters, Gyan Deveraux, Tim Abott, Colin Bates, Rowena Hardwick, Jean Dallow, Steven Upton, Janet Parker und Simone Key.

Weitere Personen, denen ich danken möchte, obschon ich nicht alle persönlich kenne, sind: Gordon Smith, Michael Rauchenstein, Bruno Würtenberger, Krishna Das, Michael Jackson.

Bücher von Pascal Voggenhuber

Leben in zwei Welten. Ein junger Mann entdeckt seine hellseherischen Fähigkeiten. Giger Verlag, Altendorf 2007.

Nachricht aus dem Jenseits. Meine Kontakte mit Verstorbenen und der Geistigen Welt. Giger Verlag, Altendorf 2008.

Entdecke deinen Geistführer. Wie uns Engel und geistige Wesen begleiten. Giger Verlag, Altendorf 2009

Entdecke deine Sensitivität. Wie du deine übersinnlichen Fähigkeiten entwickeln kannst. Giger Verlag, Altendorf 2010

Kontakt

Möchtest du mich einmal live erleben oder zu einem Seminar, Workshop, Vortrag, einer Buchvorstellung oder Einzelberatung kommen, findest du alle Informationen auf meiner Website: www.Pascal-Voggenhuber.com

Spirit Messenger GmbH
Bahnhofstrasse 23
CH-4450 Sissach
Schweiz
www.Pascal-Voggenhuber.com
Tel. +41-76-583 2124